大是文化

理財就是理生活

三十萬暢銷書作家、四百萬付費用戶《長投學堂》創始人

水湄物語——著

90% 以上的人對前途迷茫，

本書用「錢」的角度給你人生答案，

超過四百萬人付費學習的 FIRE 課程

Contents

推薦序

拒當「下流老人」，從生活理財開始

《股海老牛專挑抱緊股，穩穩賺100％》作者／股海老牛

「你是工作之後才開始研究股票，還是學生時代就有接觸啊？」有次朋友這樣問到。我很尷尬的說：「對於理財，我屬於晚開竅的那種。」即使看到朋友一臉驚訝貌，我仍自顧自的繼續說下去。

錢現在夠用就好？一定要先建立理財思維

在學生時期我用打工賺取生活費，當時只覺得錢「現在」夠用就好，然後把多餘的錢存到銀行裡孳生微薄的利息；而即使出社會之後，多了一筆不少的收入，還是天真的認為

只要買基金就好，從未真正的去衡量財務狀況，更不懂得規畫未來，現在想起來真的對自己的天真感到汗顏。直到認識另一半後，開始思考財務狀況，才算踏出理財的第一步。

後來，為了規畫婚後的生活，我做了一張「未來」的收入損益表。結果才驚覺雖然表面上現在收入是足夠的，但未來有買房、買車、養小孩等生活費用，還得加入必要的醫療支出與意外等雜項支出。倘若現在沒有做好理財規畫，最後的結果是工作三十年後，大概只剩下數百萬元的退休金可以拿，變成一位又老又窮的「下流老人」。所以真正的理財思維絕對別停留在現在夠用就好，必須將未來的財務狀況攤開一併檢視！

一切都還來得及：啟動複利思維

理財千萬不能跟過去的我一樣無感，啟動複利思維才能讓你「更有感」。這本書中提到複利三要素：本金、收益率、時間，也就是說增加投入的本金、提高收益率，只要時間一拉長，在不斷的重複之下，所得出來的結果將會遠超出你的想像。如同作者告訴我們的，及早了解「複利」的力量，讓錢幫你賺錢。

臺灣人口老化速度屬全球最快，再加上少子化、低薪、中高齡失業等問題，倘若沒有儘早開始理財規畫，未來成為「下流老人」的窘境，可非危言聳聽。以我自己為例，正在為將來的複利紅利而努力，所以不管你幾歲，從現在開始絕對來得及。

而即使尚未進入職場、還沒有金錢收入時，年輕人也必須在人生起步的初始階段，樹立正確的價值思維。這本《理財就是理生活》便十分適合不同人生階段的你，能幫你做出不同的財務規畫。理財不僅是管現在的財、還要理將來的財；從覺醒去做的那一刻起，持續不懈、累積而成功。

前言

真希望我二十歲就懂的致富思維

寫這篇前言的時候，距離我第一本書《三十歲前的每一天》的出版已經過去七年了。七年間，我的生命中多了三個可愛的孩子，事業上擁有了三家公司，二〇一八年還成功完成了四億兩千萬元的融資目標，彷彿生活已經有了起色。不過，很少有人知道，我在二十歲出頭的時候，並沒有看上去的那麼順風順水。

我的十七歲：大學聯考失利

我的父母都是上海知識青年，我的童年是在四川度過的。後來因國家政策，國中畢業我回到了上海，在一所寄宿高中就讀。生活和學業的巨大改變，對青春期的我都是考驗。

大學聯考那一年，爸媽特地請假從四川到上海來陪我，然而我還是考砸了。最終我因兩分之差無緣一般大學，被一所專科院校錄取。而我就讀的科系是在當時看來已經瀕臨夕陽產業的「紡織品設計」。

還好，我沒有就此消沉下去，憑著不服輸和不氣餒的精神，創造了一段短暫的「鐵飯碗」經歷。

我的二十歲：不想混的「退休」生活

透過努力不懈，專科畢業後，我順利通過公務員考試，二十歲就端上了長輩們很滿意的鐵飯碗。同時，我一邊工作，一邊開始準備普通大學的考試。用了三年時間，我最終獲得了大學學歷。

我當時抱著鐵飯碗，學歷也提升了，求個安穩的下半輩子，應該不成問題，但我並不想這樣。我當時的日常工作是打字、寫稿，日復一日、年復一年的重複，除了消磨我的意志力以外，也毫無成就感。記得有一次到食堂排隊打飯，我突然發現，我的後半輩子都排在我前面：科長、副處長、局長……雖然那時候我也馬上要升科長了，但那一瞬間讓我明白，這種一眼望得到退休的日子，不是我想要的。

於是，二十三歲的我又開始不安分了。雖然當時也不知道未來究竟想幹什麼，但總覺得自己還有其他的潛力可以發掘，所以開始了ＭＢＡ（按：工商管理碩士，Master of Business

Administration）的備考之路，每個週末都在肯德基看書學習，最後還真的考上了。就這樣，冒著被爸媽斷絕關係的風險，二十四歲的我和「鐵飯碗」說再見了。

我的二十六歲：ＭＢＡ畢業，高薪白領又如何

二十四歲重返校園，在日間部學習ＭＢＡ的課程兩年畢業之後，二十六歲的我順利進入一家全中國前五百強諮詢公司。雖然累，但五位數起步的月薪在十年前看來，也是相當高了，最起碼可以讓老爸覺得面子上又有光了。

然而不到三年，我再次崩潰。一百三十萬元的年薪看上去風光，但我要承受的是，一年超過十一個月的出差，以及每週上班七天、平均每天超過十二個小時的工作負荷。那時，五星級酒店對我來說早已失去了吸引力，著名旅遊城市也只是下一個工作地點而已。我經常睡醒了睜開眼好一會，才能反應過來自己人在哪裡。我的皮膚變糟、睡眠變差、腰還粗了一圈。然而打擊不僅如此，曾經一直以「年齡小」沾沾自喜的我，也開始被家人視為剩女，開始催婚了。

也就是那年冬天，從小養育我的外婆去世了，可我正在廣州出差，錯過見外婆最後一面。我還記得，那年冬天彷彿格外冷，冷得讓我開始懷疑自己、懷疑人生。即將三十歲的

我，公務員、升學考研究所、高薪名企我都體驗過了，為什麼依然過得不開心？難道我的選擇是錯的？

當時迷茫的我，忍不住從書中尋求答案。不經意間，看到財務自由這個詞，猛然清醒。雖然我曾經聽過，但我總以為，「好好工作、好好賺錢」就能實現我想要的財務自由，殊不知：**我的高薪是用大量的時間和健康換來的，賺得越多就越不自由**，而一旦停下來，生活就沒有了保障。如果一直在這個輪迴裡打轉，即使月薪可觀，也很難擺脫窮忙的命運。

財務自由的重點不是財富，而是透過財富創造被動收入，帶給自己身心自由。也就是說，**讓錢為你工作換來的時間和空間，才是真正的自由**。於是我開始努力學習理財知識，並且不斷實踐，才有了三十歲之後大家熟知的經歷：從諮詢公司辭職、降薪加入NGO組織（按：非政府組織，Non-Governmental Organization）、學理財、出書、一不小心成了豆瓣網紅；又因為投資愛好結識了現在的老公，並且一起攜手成家創業。我用三年時間實現財務自由，也擁有了三個可愛的寶寶；而且在第八年時公司達成融資目標。

雖然我現在擁有了上述的小成績，但是我曾不只一次的回想：**如果我二十歲就能懂得這些財富思維，現在我的人生會是什麼樣呢？**這個思考，正是促成我寫這本書的原因。十餘年的理財教育經歷，讓我接觸了大量的年輕人。我非常清楚他們內心各式各樣的困惑：

「老師，我要不要回老家考公務員？」
「老師，今年就業形勢不好，我是不是該考研究所？」
「老師，我是去大公司好還是自己創業？」

幾乎每一次被問到這樣的問題，我都會想起自己二十歲時的經歷。這些問題歸結起來，八成都離不開錢。我也深感年輕人的財商知識（Financial Quotient，簡稱ＦＱ）真的比想像中匱乏得多！

我們都熟知：經濟基礎決定你的意識形態。一個人的社會行為和他對錢的認知息息相關。我始終認為，面對迷茫和挫折，不要害怕，更不要躲避。除了有前輩的經驗可以借鑑外，更應該及早學會從「錢」的角度來思考問題，看待世界。人在年輕的時候，一定要明白這些道理。

1正視金錢：

從小學到高中，在我們接受社會教育的成長過程中，我們一直處於「不需要自己賺錢」的真空環境。父母為我們提供生活和教育的資金支持，讓我們可以安心學習老師傳授給我們的知識，然而我們絕大多數人卻對錢的規律既陌生又未知。這也導致很多人進入大學，甚至踏入社會之後，陷入一個被消費綁架的狀態：成為典型的月光族，用遍信用卡、現金貸等借貸方式，被負債追趕，生活在對錢的焦慮裡。

雖然人生成功與否，並非只能用金錢衡量，但要活出人生的價值和意義，往往無法脫離堅實的物質基礎。所以，**正視金錢，越早越好**。

2投資自己：

所謂投資自己，遠遠不只金錢，而是用CEO思維，樹立個人品牌。

著名管理學大師彼得・杜拉克（Peter Drucker）曾經說過：個人專長的壽命，要遠遠長於企業的壽命，將個人的風格與能力形成特色，使自己具有不可替代的價值，是建立個人品牌的關鍵。通俗的說，就是當你在一家公司工作一段時間後，一提到你的名字，別人會立即想到你的專業能力、個人特質和工作價值，而不只是你的職務和頭銜。

這種投資自己，需要我們把自己當作資產不斷的增值，這也是一種投資思維。

3把握青春：

在我的公司，「長投學堂」（按：作者所創立的理財教育機構）幫助過的四百多萬名學員中，我見過月薪達十萬元、工作五年，竟然還是月光族的卡奴；也見過月生活費只有五千元、不打工、不兼職，用理財方法在大學四年存了十萬元的優秀女學生。在我公司的員工裡，也有很多逆襲的年輕人：有愛打遊戲的小工程師，在接觸理財後，分析了大量的財務報表，只用五年就賺了近五百萬元，超過老爸一生的積蓄；有學霸富家小姐，不靠父母，辭掉了銀行經理職位，靠理財和愛好追逐自己的夢想。

所以，無論你現在學業如何、家庭條件好壞、顏值是否出眾，這些都不要緊；也許你現在正春風得意，又或者身處逆境，也都別太在意。因為，你眼前所看重的，可能在多年之後會成為茶餘飯後的笑談。人生的路還很長，年輕才是你最大的一筆財富。但是要從現在開始，用正確的方法去經營生活。

「理財就是理生活」是長投學堂的標語，也是我創立長投學堂八年來，形成的最深刻、最強烈的感悟。在長投學堂的四百多萬用戶中，我們接觸到各式各樣與金錢有關的真實案例，感受得到大家的焦慮、糾結、痛苦和迷茫。但透過理財學習，很多人都開始正視金錢，重塑自己的金錢觀，從具體的理財方法入手，領悟背後的財富思維，再將其延展到生活的各方面，從而「理」順生活。

我和我的先生，也曾是萬千理財課程中的成員，我們經歷過一番因金錢而掙扎的痛苦歷程，最後下決心學習理財；也經歷過幾番摸索，收穫經驗和教訓，最終享受到理財知識帶來的財富，以及財富給生活帶來的更多自由和選擇。我們的生活因理財而變化，因理財而美好，這是我對「理財就是理生活」的理解。在我們的學員身上，理財改變生活，也無數次的上演和驗證。

從理財到理生活，我們始於對金錢的焦慮，到陷入對學習理財的熱忱，忠於活出更好的人生。希望你讀完本書，也能理順生活，活出自己的精彩人生！

第 1 章

複利思維，彎道超車的最強武器

1 如果不考慮收入，你想做什麼？

經常有大學生朋友向我諮詢：我不知道自己該做什麼，怎麼辦？我總是焦慮、迷茫，怎麼辦？我的科系太冷門，沒有「錢」途，怎麼辦……。

每次被問到這種問題，我都會反問他們：如果不考慮收入，你自己究竟想做什麼？或許這種問法太空洞，於是我提出一個測試：假設你現在每月有一百萬元的收入，注意，是每月一百萬元，也就是每年有超過一千萬元的收入。這些收入會自動轉到你的帳戶中，你可以不用上學、不用上班，有二十四小時的充分自由時間，那麼你最想做什麼？

我不知道你的答案是什麼，但是這兩年，我收到的答案都讓人跌破眼鏡。

「錢」的瓶頸，無處不在

我聽到的近乎八〇%的回答是：環遊世界。這很常見，通常收到這樣的回答，我會進一步問他們：那環遊世界之後呢？對於這個問題，我得到的回應裡卻很少聽到肯定的答案，取而代之的多是支支吾吾的言語和空洞迷茫的眼神。

另一個常聽到的回答是：創業。我們單位曾經有一個大學剛畢業的男孩子，他說如果有幾乎用不完的錢，就去創業。我進一步問，創業也不一定需要每年一千萬元，你想開什麼樣的公司？他說不知道，但什麼都想試一試，零食店、奶茶店、互聯網公司等都可以，每年一千萬元，一年倒閉一個，也差不多各種公司都能試一遍了！當時，在場的人哄堂大笑，我也不由自主的笑笑。

還有一種回答更為實際：我想給爸媽買好養老保險、醫療保險，買幾套房子保證以後生活無憂，帶他們到處走一走、看一看……。

類似的回答還有很多，但核心都是：他們因為「錢」，沒有實現自己的想法；也是因為「錢」，他們想不出自己究竟還想做什麼。

因為錢不夠，所以我們的生活捉襟見肘；因為錢不夠，所以我們將理想讓位給現實的需求。其實，一千萬元的測試只是一個引子，讓大家可以放開思路去思考自己想做的事，但在這個過程中，錢卻成了一個瓶頸，無法迴避卻又無法解決。

關鍵是，錢的問題真的無法解決嗎？我們不妨先來正視財富的本質，抽絲剝繭的看一看，財富到底可以滿足你的什麼需求。

2 金錢需求金字塔，你爬到第幾層？

美國心理學家亞伯拉罕．馬斯洛（Abraham Harold Maslow）的需求層次理論眾所周知，該理論將人類需求從低到高按層次劃分，依次是「生理需求」、「安全需求」、「社交需求」、「尊重需求」和「自我實現的需求」（見第二十四頁圖1-1）。若要實現更高一層的需求，必須先滿足低一層的需求。如果仔細觀察這個金字塔，就會發現：財富在這其中占據著不可或缺的位置。

著名財商讀物《小狗錢錢與我的圓夢大作戰》（*Money order Das 1X1 des Geldes*）的作者博多．雪佛（Bodo Schäfer）是全球知名的財務自由之父，他的經歷很奇特：二十六歲破產，一無所有，但不到四年他又成功致富，完美逆襲，不但澈底擺脫了逆境，還實現了財務自由。他是如何做到的？他把財務自由分為三個步驟：第一步獲得財務保障；第二步獲得財務安全；第三步是獲得財務自由。

分析馬斯洛需求理論和雪佛財務自由的三個步驟就會發現，錢給我們帶來的需求滿足也可以分為三個層次：第一層是基本生活所需和安全感，即財務保障；第二層是個人價值和社會認可，即財務安全；第三層是夢想和自我實現，即財務自由（見下頁圖1-2）。

第一層：基本生活所需和安全感

美國著名經濟學家格里高利・曼昆（Gregory Mankiw），在其經典經濟學著作《經濟學原理》（*Principles of Economics*）中提出，人的需求有需要（need）和想要（want）的區分，前者滿足人的基本生活需求，比如基本的食物、水、住宿（房租）等，而後者則滿足人更高級的需求，比如更營養的食物、更可口的飲料、更豪華的房子等。無論是實現「需要」的還是「想要」的，都是需要「錢」的；換句話理解，「錢」屬於「需要」，而「很多很多的錢」則屬於「想要」。

我們需要錢來幫我們實現第一層需求，即財務保障，這是每個人的立身之本。如果沒有錢，我們吃不飽、穿不暖，生命安全得不到保障，遑論更高追求。不過在這個物質充裕的時代，我們絕大部分人透過工作，早已滿足了自身生存的第一層需求。而在此之上，是個人價值和社會認可，乃至更高層次的人生追求。

圖 1-1　馬斯洛需求理論金字塔

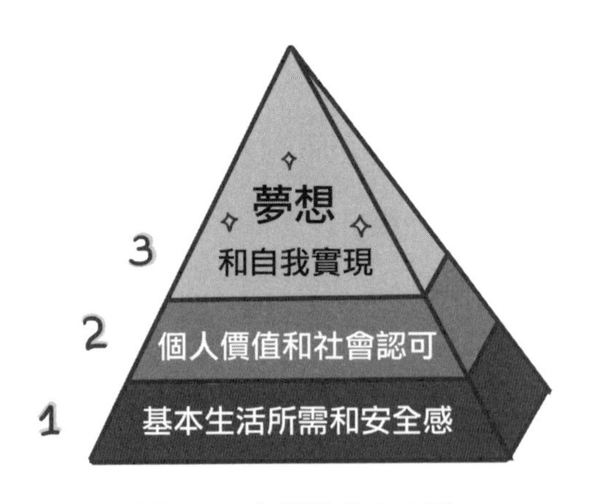

圖 1-2　金錢需求金字塔

第二層：個人價值和社會認可

現在我們對如何獲得個人價值和社會認可，或多或少都有些體會。在學生時代，父母賺錢送我們進入學校讀書，希望我們接受好的教育，取得好成績。好成績不但是我們對知識掌握和學習技能的量化指標，還是最終獲得一份好工作的敲門磚。

進入社會，我們期待能有一份好工作。但究竟什麼是好工作？通常我們腦海裡首先想到的都是銀行、金融機構、諮詢公司、政府部門等。每天穿著光鮮亮麗的制服，出入高檔的辦公大樓，在豪華的購物商場消費，有穩定的收入和五險一金（按：指中國大陸地區勞動者所享有的社會保險福利的一種通俗化稱呼，其中「五險」是指包括養老保險、醫療保險、工傷保險、失業保險、生育保險在內的五種社會保險，「一金」是指住房公積金），也有一條清晰可見的升職加薪路徑，更重要的是有一個更廣闊的視野和體面的社會形象。

當我們收穫了這些社會價值之後，也會努力賺錢培育我們的下一代，如此循環往復，形成一個完整循環：父母賺錢養育我們——我們努力讀書、取得好成績、收穫好工作、繼續賺錢——培養下一代。在這個過程中，「錢」的角色貫穿始終。金錢上的富有，不但能為消費提供有力保障，而且在一定程度上反映了個人價值和社會認可，這就是人們對財務安全的需求。

第三層：夢想和自我實現

當個人價值和社會認可滿足了自己對財務安全層面的需求後，我們該去追求什麼？也就是說，錢不再是問題，你還有沒有更高一級的目標和想法？在這一點上，我有更深刻的體會。

我大學時學的是紡織專業，嚴格來講，我讀的並不是大學而是大專。這種學歷能找到工作已經要偷笑了。當時我在親戚的幫助下，當上了公務員，雖然薪水不高，但能保證自己基本的生活所需。這滿足了我對財務保障的需求。

後來，我攢錢去讀MBA，然後進入諮詢公司工作，拿到了公務員難以企及的高薪，這在一定程度上滿足了我對財務安全的需求。

但高薪讓我不得不承受超乎尋常的工作強度：一年超過十一個月的出差，以及每週超過八十個小時的工作負荷（其實這並不算極限，我的一位學長在投資銀行，每週工作時長超過一百二十個小時）。日復一日，就這樣過了三年，工作中的一切都不再讓我有新鮮感和成就感。五星級酒店的豐盛早餐已經失去了吸引力，著名的旅遊城市也只不過是一個又一個工作地點而已，這讓我開始懷疑自己的價值和人生。

直到三十歲那年，家裡開始催我結婚，從小養育我的外婆去世了，可我那時正在廣州出差，錯過與外婆見最後一面。那一刻，我開始思考工作和生活的意義，真的只是為了錢嗎？於是我下定決心學理財，認真看待「錢」這件事。我想弄清楚，有沒有什麼方法，是我不用做不喜歡的工作，就可以獲得錢？後來經過系統學習，投資理財沒有辜負我：持續幾年的投資，讓小熊同學（我的先生）和我有了不靠薪水也能獲得的被動收入，這份被動收入還超過了我們原本的薪水，可以說，我們達到了一定程度的財務自由。

這個時候我們恍然大悟：錢從來就不是工作的唯一目標，更不是生活的唯一目標。既然投資理財帶來的收入，可以讓我們當前的生活品質不受影響，那我們完全可以不用為了錢，在不喜歡的人或事上浪費時間，而是直奔目標，做自己想做的事。於是，我辭掉高薪的諮詢工作，選擇了一份在NGO組織的工作，薪水是原來的三分之一，但我是發自內心的熱愛這份工作。與此同時，我先生也可以隨時辭職去創業，不用考慮經濟問題。

可以說，我今天的一切就是錢帶給我的，雖然「錢」不是我的最終夢想，但是撥開「錢」這片障目的樹葉，我才真正認清了自己的想法，並按自己的意願去生活，實現了財務自由。在這個過程中，「理財」這一理念對我起到了逆轉性的作用，讓我從一個只會靠工作加班賺錢的空中飛人，變成一個可以讓錢為我工作的自由人。那麼，理財究竟是什麼呢？普通人如何從零開始，從死薪水的枷鎖中解脫出來呢？

這一切，要從「富人思維」說起。

3 有錢人想的，跟你哪裡不一樣

什麼是富人思維？簡而言之，**富人思維和窮人思維的根本區別在於：前者把錢當作工具，後者把錢當成目的**。把錢當工具，你就是錢的主人；把錢當目的，你會一直被錢綁架。

我在三十歲之前的想法是典型的窮人思維，認為工作就是為了賺錢，賺了錢就要花掉，好好犒勞自己，不然對不起我在工作上付出的辛苦和委屈。但事實上，這個認知的結果就是，我永遠在為了錢而工作，永遠不能做自己喜歡做的事。我總是想：等我的資產達到了某個數字，就可以不用工作，去做自己想做的事情。但到最後我發現：錢永遠不夠，我只會一直在這個「賽道」上無限打轉。

後來在三十歲那年，我開始系統性的接觸理財，實現了從窮人思維向富人思維的轉變。我才明白，**理清自己的財富才能理清自己的生活**。股神巴菲特的左右手查理・蒙格（Charles Munger）曾說過一段話：「只要做好準備，在人生中抓住幾個機會，迅速的採取適當行動，去做簡單而合乎邏輯的事情，這輩子的財富就會得到極大的增長。」對我來說，理財是人生中這「幾個機會」中最重要的一個。

認識富人思維的奧祕

什麼是理財？很多人一聽「理財」會本能的想到買股票、買基金或者買P2P（按：Person to Person，指點對點、人對人的借貸交易）這種跟錢打交道、很具體的投資行為。我接觸的很多年輕人第一反應都是：我沒有收入、沒有存款，拿什麼理財？其實，「理財」這個詞很容易讓人誤解，認為只有有錢才能理財，然而我更傾向於把它作為一種思維，去認清生活的根本，從源頭上解決問題。

為什麼要認清生活的根本？《資本論》中有一句著名的話：經濟基礎決定意識形態。將這一論述落實到一個人身上來分析：這個人的財務狀況是經濟基礎，而意識形態則是這個人呈現出來的狀態。究竟是什麼決定你當時當下的選擇？是什麼讓你權衡之下，選擇了放棄和妥協？又是什麼讓你丟掉興趣和夢想，投入另外一種人生？歸根結柢，還是由經濟基礎決定的。

雖然我在四十歲前實現了「彎道超車」，過上了自己想要的生活，但每次我回想起從前的經歷都會感嘆：如果我開始得更早一些，就可以少幾年渾渾噩噩的生活，多一些快樂的時光；不用徹夜加班只為了趕一份枯燥的報告，能夠多一些和喜歡的人交流溝通、享受生活的幸福。

但不管怎樣，最好的時光永遠是當下。英國有句諺語：「種一棵樹最好的時間是十年前，其次是現在。」從現在開始，認清理財思維並開始實踐，就可以不必繞彎路。而當你學會理財這種方法，將擁有一整套富人思維，從源頭進行自我審視、自我剖析，進而找到適合自己的方法，不斷成長，最終達成自我實現。

那麼，富人思維主要有哪些？在我看來，最重要的有三個：第一是「老鼠賽跑」和「人生快車道」的區別；第二是現金流四象限；第三是複利思維。

富人思維之一：認識「老鼠賽跑」和「人生快車道」。

什麼是老鼠賽跑？什麼又是人生快車道？經典電影《一路玩到掛》（*The Bucket List*）裡有一對老人，因為生命垂危住在同一間病房。他們一貧一富，在人生最後的日子裡經歷了各式各樣的歷險：從高空中的飛機一躍而出、駕駛福特野馬賽車你追我趕、參觀金字塔、參加狩獵遠征……用剩餘不多的時間燃燒他們的整個生命。最後一刻，他們閉上了雙眼，敞開了心扉。

這部影片好評如潮，然而有一條影評讓我印象很深：「這部影片講的是一個受工作、家庭拖累一輩子的技工巧遇有錢人，在死前放縱了一段日子的故事……其實要我說，你一輩子註定被這些乏味的事牽扯，至死方休。」其中，這句「一輩子被這些乏味的事牽扯，

圖 1-3　老鼠賽跑

至死方休」所形容的生活模式，在《富爸爸，窮爸爸》（*Rich Dad, Poor Dad*）這本書裡被稱為「老鼠賽跑」（見圖1-3）。老鼠不斷的在一個滾輪裡奔跑，可即便跑得再快，也無法擺脫這個滾輪，正如我三十歲前的生活狀態。

同樣，大多數人走入社會，每天為金錢而工作，拿到薪水之後就用於消費——買房、買車，還信用卡欠款；然後付出更多青春和精力，升職加薪；再開始新一輪的消費升級——買更大的房子、更好的車、更多的奢侈品……這就如同老鼠一樣，永遠無法擺脫忙碌的生活現狀、永遠為錢奔波、為生活焦慮。

而富人則會有另一套生活方式。他們不再靠死薪水來生存，他們的收入源自於「錢」本身，也就是讓錢為自己工作，哪怕失業、生病、領不到薪水，也依然有收入，便不再受制於人，能夠更加從容不迫的生活。富人所處的生活模式有一個與「老鼠賽跑」相對應的稱呼——「人生快車道」。

在《一路玩到掛》裡，摩根・費里曼（Morgan Freeman）飾演的技工就是陷入老鼠賽跑泥潭的窮人，而傑克・尼克遜（Jack Nicholson）則是進入快車道的富人。如果可以選，我們都希望成為快車道的有錢人。因為有了錢，就可以擁有更多選擇，也擁有充足的資金可以去幫助別人。然而，我們普通人既不是官二代，也不是富二代，這輩子只能靠自己，除了死薪水或者追求一份更高的死薪水，別無其他辦法，如何能從老鼠賽跑轉到人生快車道呢？

富人思維之二：現金流四象限。

在《富爸爸，窮爸爸》這本書裡，關於富人思維有一套具體的方法論，叫做「現金流四象限」，這是由書中的富爸爸提出的。富爸爸把每個人的收入劃分為四個象限，分別是E、S、B和I（見左頁圖1-4）。

雇員象限——E（Employee）象限：收入完全依賴薪水的人處於雇員象限，如給別人

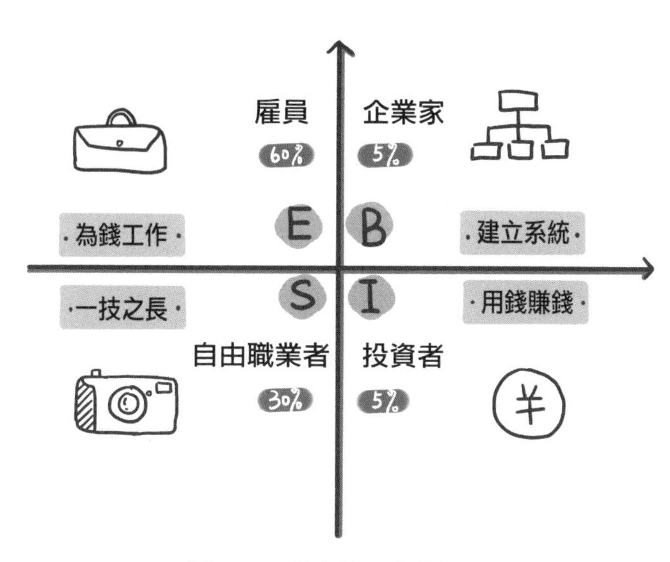

圖 1-4　現金流四象限

打工、去公司上班等。

自由職業者象限——S（Self-employed）象限：能夠脫離打工境界，可以利用專業技能為自己打工的人，處於自由職業者象限，如自己畫畫賺稿費、專職作家等。

企業家象限——B（Business owner）象限：處在這個象限的人，已經擁有一個即便自己不過多參與也能自由運轉和盈利的企業，如自己開公司的創業者僱用員工幫他們工作，一旦公司形成固定的商業模式，即便創業者們不在公司，不用朝九晚五待在辦公室，每月也有穩定的現金流入帳。

投資者象限——I（Investor）象限：完全透過資本的投資來盈利，實現財務自由的人，屬於投資者象限。

處於E和S兩個象限的人，約占總人口

數的九〇%，無法達到財務自由。

對於我們普通人來說，成為B象限的人風險相對較大，畢竟開公司需要資本、人脈等各式各樣的資源，還要順應時代和機遇（我自己創業八次，目前只有一家公司運轉得比較成熟），但成為I象限的人，卻是人人都可以的。當你擁有第一桶金，又具備一定的投資知識時，錢是可以幫你賺錢的，並且是源源不斷的幫你賺錢。

富人思維的終極利器：複利。

認識前面兩個富人思維之後，你或許仍然感覺無法輕易實現。即便知道窮人思維會導致我們陷入老鼠賽跑的輪迴，即便知道利用現金流四象限可以幫助我們賺錢，但要如何執行呢？這就要說到富人思維的終極利器——複利。

財務自由之父雪佛曾說：實現財務自由的奧祕就是複利。他的原話是：「如果你了解複利的力量，卻不為了實現財務自由而運用它，那這就是不負責任的忽視。從這個角度來看，貧窮不是美德，而是無知。」那麼，究竟什麼是複利，又要如何利用複利？

1複利三要素：時間、本金、收益率。

這裡用象棋的故事讓大家理解複利的威力。故事的大意是這樣的：國王在象棋的六十

象棋的故事

格子數	米粒數
1	1
2	2
3	4
4	8
5	16
6	32
7	64
8	128
9	256
10	512
20	524 288
30	536 870 912
40	549 755 813 888
50	562 949 953 421 312
64	9 223 372 036 854 776 000

$$2^0 + 2^1 + 2^2 + \cdots + 2^{63} = 2^{64} - 1$$

圖 1-5　複利的威力

四格裡，第一格放一粒麥子，第二格放兩粒，第三格放四粒……以後每一格都比前一格加一倍。等到六十四格時國王發現，整個國家的麥子也不夠放。我們可用圖 1-5 的公式來表示。

現在，我們用電腦計算一下就可以得出，總共需要的米粒數超過一百八十萬兆粒。

這就是複利的神奇之處：剛開始時複利效應是很微小的，不易察覺，但當發展到一定階段就會產生非常驚人的效果。我們可以看看複利的計算公式：

$$收益 = 本金 \times （1+ 收益率）^{時間}$$

從公式中可以看到：時間、本金和收益率是複利的三個核心要素。也就是說，本金可以不高、收益率可以不高，只要時間達到一定積累，就會產生爆發性的驚人效果。

我們可以用左頁圖1-6更直觀的來看：假設同樣的本金和收益，三個人分別從二十二歲、二十七歲和三十二歲開始投資，那麼到六十歲的時候，最終的收益會相差好幾倍。不同起始年齡投資的複利收益對比告訴我們：理財開始得越早，利用複利的威力，你也就能越快、越輕鬆的實現財務自由。所以完全不用擔心現在沒有錢，只要起步比別人早，就已經贏了很多很多。

2 人生複利。

查理．蒙格曾被人問起如何成功，他回答說：「每天起床時，努力讓自己變得比從前更聰明一點，認真、出色的完成你的任務。慢慢的，你會有所進步，但這種進步不一定很快，不過卻能夠為快速進步打好基礎……每天慢慢向前挪一點。到最後，如果你足夠長壽的話，大多數人會得到他們應得的東西。」這正是一種複利思維在人生中的延伸。

對於年輕人，這兩年有一種說法：「三十歲前，不必存錢。」我雖然不認可這句話（存

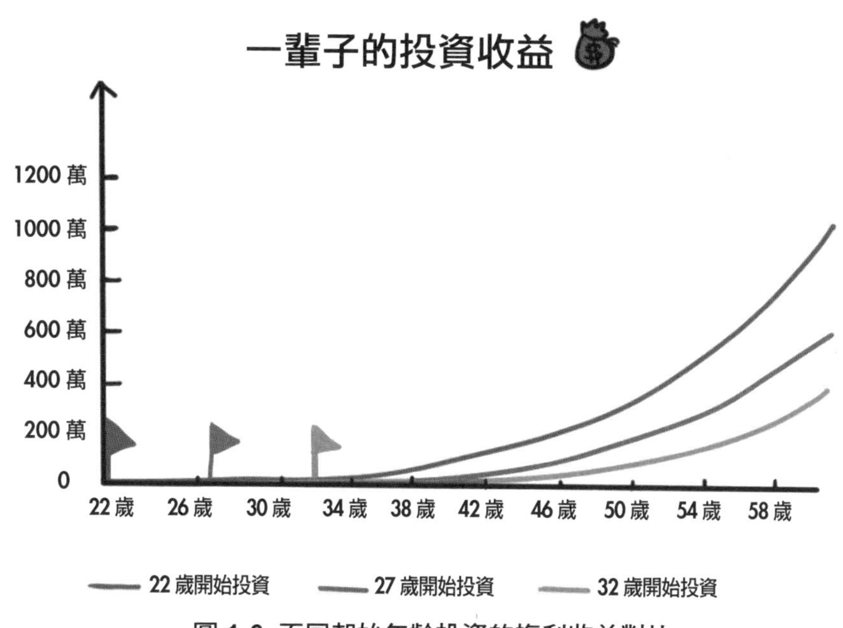

圖 1-6　不同起始年齡投資的複利收益對比

錢，有自己的資金儲備，在任何年齡段都很重要，這個我們後面會講到），但我能理解它背後的道理，即不要為了存錢而忘記投資自己，因為你自己才是最昂貴的資產，你的人生也有複利。

也許你初入職場，薪水只有兩萬多元左右，扣除房租和基本生活開銷後所剩無幾。有的人可能會為了存錢而存錢，捨不得上課、學習、考證照來自我增值，但其實，如果你捨得對自己的知識和技能進行投資，獲得一技之長，你的升職加薪幅度可能會是同齡人的好幾倍。通常，**人在年輕時有三種資產值得投資：一是健康，二是知識，三是人脈。**

第一，最重要的是健康。這個時代，人人都知道健康重要，但很難做到。對於健康，我支持一句非常務實的觀點：活得越久，你會越富有。前面我們提到複利，其中一個很重要的因數是「時間」，投資的時間越長，複利效應也就越明顯。股神巴菲特（Warren Buffett）的財富也是到了六十歲才有了指數級的增長。假設他沒有活過六十歲，那麼即便他之前的選股能力再高、投資決策再正確，後面的傳奇故事也就不會發生了。

有意思的是，很多著名的價值投資者都長壽：巴菲特和查理．蒙格這對好夥伴，一個出生於一九三〇年，一個出生於一九二四年，還在愉快的投資；巴菲特的老師班傑明．葛拉漢（Benjamin Grossbaum），享年八十二歲；著名的價值投資者費雪（Phil Fisher），享年九十七歲；鼎鼎有名的鄧普頓爵士（John Templeton），享年九十六歲……。

當然，也有很多投資者因為不夠長壽，還沒等到收穫投資的果實就離世了。無論如何，身體健康最重要，擁有一個健康的身體，可以讓你在人生這一場長跑中堅持得更遠。相反，如果是因為年輕而空耗年華，透支生命，也會收到負向的複利結果（見左頁圖1-7）。

第二是知識。我們都聽過知識就是力量、知識改變命運等。在這個資訊化時代，知識的獲取變得更加容易。很多人為了追求知識會閱讀很多書籍、學習很多知識付費的課程，甚至每天閱讀大量的公眾號（按：一般用戶或商家在「微信」公眾平臺上申請的應用帳號）文章；還有一些人，會在工作幾年之後考慮要不要去讀MBA或者出國讀書來充實自己。

$$1.01^{365} = 37.8$$

Vs.

$$0.99^{365} = 0.03$$

每天比你努力一點的人
其實已經甩你太遠了！

圖 1-7　正向複利與負向複利

我們必須承認，這些做法的初衷是好的，但因為我們的時間寶貴，對於知識的投資通常要考慮以下兩點：

一是要明確目的。我見過很多年輕人表面上很勤奮，但不清楚做事背後的目的。他們的興趣可能很廣泛：烹飪、健身、畫畫、職場管理……但如果你問他們，這是為了什麼，他們通常支支吾吾答不上來，或者說「為了成為更好的自己」。這種泛泛而學，很多時候是沒有想清楚目的，在學習上的投資，應該要圍繞著目標進行，才能讓我們靠近自己想要的生活。

例如，如果你在四大會計師事務所工作，你的目標是升職加薪，那麼你在知識上的投資，就要圍繞著「升職加薪」這個目的進行。這時考CPA（按：美國註冊公認會計師，Certified Public Accountants）對你來說，就是升職加薪的必備要素，花時間學習CPA相關的課程就是必需品，值得你花時間和精力去投資。

二是知識要系統化。如果不是新媒體從業者，與其去看十篇獨立的網路文章，不如去讀一本經典圖書。畢竟對於作者來說，構思一篇網路文章和寫出一本書，門檻是完全不一樣的。我們要有意識的構建自身的知識結構，即便有時只能取得碎片化的知識，也要鍛煉自己系統化的能力。這樣，我們的知識結構才能夠更扎實和全面，避免以偏概全，也有能力辨別資訊的真偽。

在目的明確和系統化這兩個前提下，你對知識的投資才可以清晰量化，才能體驗到知識的價值。

第三，人脈是你的圈子，當你願意為經營人脈而投資時，你也會收穫人脈的複利。一九三八年，哈佛大學開展了史上對成人發展研究最長的研究項目：什麼樣的人最幸福？

這個研究項目長達七十六年，同時追蹤了七百二十四人、幾十萬頁的訪談資料與醫療紀錄，最後研究結果表示：**良好的社會關係能讓人們過得開心幸福**。這個良好的社會關係包括：婚姻家庭和睦，以及同事、朋友、鄰居、親戚之間關係融洽。而且，一個擁有良好的「溫暖人際關係」的人，在人生的收入巔峰（一般是五十五到六十歲）比平均水準的人每年多賺十四萬美元。所以，不要忽視人脈的複利。

4 財富自由無法速成，你得這樣準備

了解富人思維這項武器，或許你對理財的認知仍然感覺抽象，所以還需要做好個人的財富路徑規畫，具體可以分為以下三步：第一步，用SMART原則確定目標；第二步，掌握思維工具；第三步，開始為實現自由的人生而努力。

第一步：用SMART原則確定目標

目標的重要性我們無須贅述，如果目標不清晰，不僅容易導致努力的方向走偏，還會造成資源的浪費。那麼，我們要如何確定目標才能確保執行順利？通常我們至少需要確定三個目標——短期目標、中期目標和長期目標，來完成自己不同階段的要求。

著名管理學大師彼得．杜拉克提出了具有劃時代意義的概念——目標管理，其中，SMART原則可以幫助你輕鬆完成目標。SMART是五個關鍵字的字首，也就是說，一個好目標應該是具體的（S-Specific）、可量化的（M-Measure）、可達到的（A-Attainable）、有相關性的（R-Relevant）並且有截止日期的（T-Time-bound）。

例如，某人想讓自己在短期內存下一些錢，那麼類似「下個月要存一千元」這種目標，就不夠具體，也不好控制。根據SMART原則，有效的目標應該是：我接下來三十天之內，預計存款一千元，即平均每天要存下約三十五元。其中，「存款一千元」是具體的（S）；「三十天內」是有截止日期的（T）；「每天三十五元」是可達到的（A）；存錢跟你的生活是有相關性的（R）；以上所有都是可量化的（M）。

目標拆解得越詳細、越具體，實現的難度就越低，執行也就越容易。一個月下來，即使不能百分之百達到計畫目標，也不會相差太多。如果執行得好，自然會獲得成就感，從而建立良好的正向循環。

第二步：掌握思維工具

當然，財富不僅限於「錢」，你的時間、人脈、青春、興趣愛好、學歷、知識等都是財富。在我看來，理財就是理生活，理財的思維可以應用在生活各方面。所以接下來的內容，我會在時間配置、自我增值、開源變現、職業選擇以及財務規畫五個系統，分別介紹超級實用的理財思維和工具，幫助你做出更清晰的判斷和選擇。讀完這本書，你會發現自己不僅熟練掌握了理財投資的方法，還可以將理財思維靈活的應用到生活中，不僅在「錢」的問題上想得明明白白，生活其他方面的難題，也可以迎刃而解。

五大模組的思維工具具體有哪些呢？我們可以先來初步認識一下：

1時間配置：巴菲特二十打孔法/願望清單法/資產配置法（詳見第二章）。

年輕是美好的，又是稍縱即逝的，每個人的青春只有短短幾年，但仔細思考，人生又何嘗不是稀缺的？在你身邊，可能有人忙著升級打怪，有人忙著學習奮鬥，有人忙著升職加薪。如果我們沒有好好的規畫，會讓自己被外在事務牽著走，陷入一個窮忙的境地。

在這個系統中，你將學會如何聰明的規畫生活，讓每一分時間，每一次接觸的人、事、物，都成為自己的無形資產，為自己的人生賦予能量。

2自我增值：資產負債表/跨學科思維模型/能力圈（詳見第三章）。

學習是一輩子的事。過往看似不相關的專業和學習，反而可以成為你的個人資產，打造你的專屬跨學科思維模式，從而不斷拓寬能力圈，收穫人生的現金流。

你會發現，不管是想放飛自我，堅持無用之用；或是想跨學科轉行，實現彎道超車，創造人生的更多可能，在正確的方法指導下都是可以實現的。

3開源變現：富人時間價值思維框架／MPS開源法（詳見第四章）。

提到開源，很多人腦海裡可能會出現洗盤子、當收銀員這樣的畫面，這種賺錢方式並不是自由的，其本質依然是販賣時間。在這套系統中，你將收穫「富人時間價值」的思維框架，你會清晰的看到你的時間也是有成本的，付出每一分的時間，都要爭取投入產出比最大化；你還能夠學會如何用最少的時間和精力，聰明的賺取開源收入。

4職業選擇：價值投資量化方法／資產收益率／護城河思維法（詳見第五章）。

工作每天占用我們八小時，而一生至少要花三十年的時間，在你所選的職業上。它的重要程度不亞於你填寫的大學志願，甚至不亞於選擇人生伴侶。但很多人對待工作，更多的是出於對現實的妥協，而非斟酌再三後的價值選擇。事實上，看一家企業值不值得你去效力，能不能給你帶來豐厚的薪酬和自我價值的實現，和分析一家公司值不值得你去投資一樣，你需要了解它的盈利模式和增長空間。一般來說，能幫我們賺錢的好公司，也值得你付出汗水和青春年華去為之奮鬥。在此系統中，你會學到如何用護城河和資產收益率等指標去判斷一家公司的好壞，你將會用一個全新的視角看待工作這件事，最終讓薪水為你的財富積累助力，讓你的財務自由之路走得更穩更快。

5財務規畫：財務規畫／資產增值法／五十：五十資產配置法（詳見第六章）。

財務的重要性毋庸置疑，在我們人生的不同階段，它的功能和使命也不同。我們已經知道複利的奧祕，知道複利是由本金、收益率和時間三要素構成的。在時間維度上，我們已經知道越早開始理財越好，但另外兩個要素如何提高呢？當我們沒有本金或者是本金很少的情況下，如何從零開始擁有第一桶金？當我們面對一〇％或一五％的高收益率，怎樣去判斷真假？最後這一個系統，你將收穫具體的財務方法論，遵循清晰的路徑，從現在開始構築自己的財富國。

讀完這五個思維系統，你一定會有一個與眾不同的觀點看待生活。理財，這個既熟悉又陌生的詞，看似抽象卻與我們的生活息息相關。用理財賺取收益，讓錢為我們工作，絕不是少數人的獨享，人人都可以透過理財創造從容不迫的人生。

第三步：開始為實現自由的人生而努力

當你認清「錢」的本質，能夠不依靠工作掙的死薪水也不必為生活擔憂時，你將會擁有人生的自主權，去迎接更廣闊的世界。

有句俗話：人們總是高估自己一年能做的事，卻往往低估自己十年可以做到的事。如果你每天朝著規畫的方向進步一點點，可能一開始你自己都發現不到，但是越到後面，你的人生會越走越順。年輕時不為工作租房而四處奔波，可以從容做自己喜歡而又有價值的工作；中年時不為中年危機、買房還貸而傷神操勞，擁有充足的財富應對危機，享受生活；老年時不為年老體衰而對往昔嘆惜，能夠悠然自得。因為你從前的每一步選擇，都在創造著生命中的美好。這一切結果都是因為你提前預見未來、及早規畫，為自己爭取了一個從容自由的人生。

從現在開始，開啟你的自由人生，你準備好了嗎？

第2章

時間，比錢更寶貴的稀缺資源

1 時間是稀缺資源，你得抓大放小

人們經常在年末或年初暗下決心：我絕不會讓光陰虛度，新的一年我要努力過好每一分、每一秒。也許你會看一些「自律決定人生」、「如何度過週末，就如何度過一生」這樣的公眾號文章給自己加油打氣；或者你讀過《被窩是青春的墳墓》、《我怎樣毀了我的一生》這種讓人警醒的書，而決定抖擻精神，不允許自己有一分一毫的鬆懈。

仔細想一想，如果你是一名大學生，要在四年時間裡，從學習、交友、談戀愛、參加社團、旅遊、讀書、兼職賺錢和實習工作這八項中，選出四件事去做，你應該選哪四項？如果一個剛入職的職場新人，要在一年的時間裡，從學習外語、考專業證照、拓展社交圈、脫單找人生伴侶、開源兼職、升職加薪等選項裡，選出最重要的三個，該如何選擇？

我相信有人肯定會有疑惑：「明明看著都是有意義的事，為什麼不能都選呢？畢竟人生要豐富多彩才好。」而實際上，少即是多。想要什麼都好，往往什麼都做不好。時間是稀缺資源，極其有限。

時間的本質——資源

我曾讀過一本對我影響非常大的書《一週工作四小時》（*The 4-Hour Workweek*），作者的理念顛覆了我一貫的認知。這本書的作者提摩西・費里斯（Timothy Ferriss），是美國普林斯頓大學（Princeton University）的客座講師，也是著名的企業家。不僅精通六國語言，還獲得過散打冠軍；與此同時，他也常常旅遊，足跡遍及全球。而他之所以能做成這麼多事，全都是因為每週工作四小時——只選擇做很少但很重要的事。簡而言之，就是「抓大放小」。

對此，我自己也深有體會。很多讀者問我：「水湄，妳作為三家公司的創業者，每天奔走於客戶和商務活動之間，要當網紅錄課程，又要出席品牌活動，是不是連睡覺都覺得浪費時間？妳的週末或者假期，是不是都用來上課充電而沒有出去玩的時間？妳的日程，是不是都排得滿滿的？」

真實情況恰恰相反。作為一個創業者，我也聽說創業圈的很多老闆「每天晚上兩點下班」、「見過凌晨四、五點鐘的太陽」或者過度勞累搞垮身體的例子，但我不僅每天準時下班，還常常鼓勵員工不要往死裡做事，而是**要「學會偷懶」——選最重要的事去做就好。**

人的時間是有限的，每人每天只有二十四小時；人的精力也是有限的，把一、兩件事做精、做透，其效益遠遠大於做十件事卻博而不精。

「如何度過週末，就如何度過一生」這種言論或許沒錯，畢竟人的生活狀態會形成慣性，影響人生的每一天。但是這背後的邏輯，可不是要你每分每秒都戰戰兢兢，而是聰明規畫。所以這一章，你將學會如何聰明的規畫時間——在最少的時間內創造最大的價值，同時享受生活，給未來創造更多的快樂回憶。

能者多勞？大錯特錯

資源的有限性用另一個更恰當的詞來形容，即「稀缺」。我們經常在美劇中看到這樣的情節：一個求職者去面試，如果面試官覺得求職者不合適，在面試結束時會說一句話：「謝謝你的時間。」（Thank you for your time）這正是時間稀缺的具體體現。美國著名經濟學家曼昆的著作《經濟學原理》，被全球高校奉為經濟學的經典教材。這本書的開篇就提到，「經濟學是研究稀缺性資源配置」的學科。在這基礎之上，我們才有了各式各樣的經濟行為。

我們的時間有限，不能每件事都做，必須學會比較和取捨，克服人性中的貪婪，選擇最重要的。其實，很多「月光族」、「剁手黨」之所以會欠下巨額債務，正是因為沒有認識到稀缺的重要性，放縱自己的欲望，無限擴張而造成的後果。對於年輕人來說，青春是資本，但青春也是有限的。

我在活動中遇見過一些年輕的讀者，他們的夢想是把生活過得多姿多彩。其中有一名大四的同學叫小娜，她跟我說她參加了三個社團，分別是外聯部（按：學生會中的一個重要部門，是學校與商家溝通的橋梁。外聯部最主要的任務，就是為學生會和學生活動籌集資金，即拉贊助）、祕書部和校園廣播臺，每天的日程都很滿。中午去廣播臺播音，晚上去兩個社團參加活動，回到寢室和朋友打遊戲，順便再追兩集熱播劇。她認為社團能帶給她人脈，打遊戲能跟上時代，看劇是愛好所趨。雖然每天安排都很滿，但每一件事都是讓生活過得充實的因數，無形中感覺自己擁有了許多技能。偶爾，小娜凌晨也會發朋友圈訴苦：「太忙了，求解救。」但這訴苦的背後，卻難掩一股小小的得意，似乎「能者多勞」是一個特別值得炫耀的標籤。

小娜的狀態其實不僅限於大學生，很多職場新人都存在這樣的問題：感覺自己很忙，忙著工作、學習、考證、社交……但回望過去一年進行總結，似乎又沒有成果。這恰恰是我不推崇的「能者多勞」，因為這麼做並沒有認識到時間和精力的稀缺性，更重要的是，沒有弄清楚現階段，什麼對自己才是最重要的。

相似的例子還出現在我自己的公司裡。我以前寫過一篇文章〈為什麼個人能力強的人，反而職業發展不順利？〉內文提到，能力強的優秀員工會因出色的專業能力走到管理職位，但問題就會隨之出現。他們的能力太強，任何事情都願意自己做。

寫一支程式碼，實習生可能需要兩天，他們只要兩個小時，出錯率還更低，於是乾脆自己寫；寫一篇行銷文案，新人可能要憋個一、兩天，他們可能不到半個小時就寫出來，於是一邊搶著做，一邊心裡嫌棄：怎麼這都寫不出來，還這麼慢？真是沒用！到最後，新人沒有培養起來，把自己也累到不行。

每次見到這種情況，我都會狠狠的告誡他們：一定要記住，你們的職位是管理者，你們的職責是把新人帶起來，實現公司長遠效益的最大化，而不是自己執行。時間有限，你的事情是做不完的；時間也是有成本的，你必須知道什麼事情更重要，對你價值最大，而不是面面俱到。

機會成本：將時間價值最大化

既然認識到「稀缺」的現實，那麼在有限的時間內，做什麼事情對我們來說價值更大呢？我們來認識另一經濟學原理——機會成本。

所謂機會成本是指利用一定資源獲得某種收入時，所放棄的另一種收入，被放棄收入即為機會成本。

一天只有二十四小時，去除吃飯、睡覺、上課、上班等時間，還剩約四個小時的可利用時間。在這段時間裡，如果你選擇看劇，就要放棄打遊戲。驅動你選擇的背後，往往是價值高低的考慮——選擇價值最高的一方，放棄機會成本最低的一方。

例如，雖然看劇和打遊戲都能為你帶來愉悅感，但看劇製造快樂因數的可能性更多，打遊戲輸了還會產生煩躁情緒，也許經過評估，最後選擇看劇。這樣就能把快樂值提高，把損失降低。同樣，如果以「效益最大化」來衡量，培訓、上課、娛樂、社交都是你想做的事情，但時間是稀缺的，不可能每個事項都能做到專注，所以只有做最重要的事，才能取得你最想要的結果。

那麼，明白稀缺和機會成本之後，我們要如何規畫每天的生活？你不妨把人生想像成一個不能重來的養成遊戲：五年之後，你想成為什麼樣的人？十年之後，你又想成為什麼樣的人？如果你是大學生，是希望成為社團學生會的社交達人，擁有廣闊的人脈？是希望早早收穫一份稱心如意的工作職缺？還是希望順利考完雅思、托福、GRE（按：美國研究生入學考試，Graduate Record Examination），繼續出國深造，去看更廣闊的世界？如果你是職場新人，是想早早踏入婚姻的殿堂，還是一心做事業，把感情的事暫且放一旁？你是想成為一個朝九晚五、生活和工作平衡的白領，還是想成為一個每日接稿寫作或者是擁有自己工作室的自由職業者？

弄清最重要的事，以終為始，才能實現自己的目標。在「時間稀缺」這個前提之下，如何讓時間價值最大化呢？這裡我們引入三個規畫金錢的工具——巴菲特二十打孔法、願望清單法以及資產配置法。這三個工具原本都是經典的投資方法和工具，但同樣也可以用在時間規畫上。畢竟時間和金錢都是我們的資源，對資源合理利用，才能讓我們從容不迫。同時，很有可能在學會時間規畫的同時，學會了理財方法，一舉兩得。

2 巴菲特二十打孔法，找到你人生最重要的事

如果一生只能做最重要的事，你會選擇做什麼？要是這個問題你一時回答不上來，不妨把範圍縮小至一段時期——大學四年或職場前三年，只能做二十件事，你會選擇做什麼？

這個問題來源於巴菲特的二十打孔法。曾經有人問他，如何選出最賺錢的股票？他反問：如果一生中只能做二十筆投資，你會投資什麼？巴菲特的投資特色就是「以靜制動」。他有兩句話體現了他在投資上的「懶」，一句是：「如果你不想持有一檔股票十年，那就不要持有它十分鐘。」另一句是：「我最喜歡持有股票的時間是永遠。」

我的先生小熊也是巴菲特投資法的資深追隨者，為了等一支好股票跌到合適的價格，他常常會等上幾年甚至十年才會買入，而後悠然坐等收益。其實，這就是一種少即是多的體現。我們的時間和精力是有限的，所以才要集中發力，在最重要的事情上專注。

有了二十這個次數的限定，就相當於把次數變成了稀缺資源，每用一次，就少一次，相當於打了個孔，所以叫「二十打孔法」。正因為這樣，投資者才會認真考慮每一筆投資，力爭做到零虧損，做出最好的二十筆投資。應用巴菲特二十打孔法找到二十件最重要的事，具體可分為三個步驟：第一步，列出所有想做的事並分類；第二步，精簡每個類別裡的事項；第三步，完成。

第一步：列出所有想做的事

為了清晰展示巴菲特二十打孔法的原理，我們以一名剛踏入職場的新人王楠為例。假設她二十三歲，在一家互聯網公司做出納，她很喜歡自己的職業，目標是成長為一名資深財務專員，升職為部門主管；業餘時間她喜歡寫作；同時，她也對愛情和家庭充滿了嚮往，未來三到五年是她職場發展的快速上升期，也是決定她人生方向的重要選擇期。但我們知道一個人的時間和精力是有限的，如果她只能做二十件事，該如何選擇呢？

首先，試圖讓自己安靜下來，然後拿出紙和筆，寫下所有想做的事情。不管這個事情是否重要，是否會成為最終的二十件事之一，都要先把它們列出來。以王楠為例，根據自己對職業和家庭的預期，她先一口氣列出了三十六件未來三年想完成的事（見左頁圖2-1）。

考 CPA 資格證
擁有自己的房子
養一隻貓
養一隻狗
考 CFA 資格證
去普羅旺斯看薰衣草
存下 50 萬元
考雅思
練好化妝技術
練出馬甲線
經營社交媒體
交男朋友並結婚
讀 100 本書
吃遍所在城市的美食
每天寫 1000 字
每天記帳
看完豆瓣 Top250 推薦電影
考一個碩士文憑
學習插花
參加一次馬拉松
年度考績拿到 A
生 1 個孩子
給全家買保險
給自己買一個香奈兒包包
報名一堂游泳課
和閨蜜一起參加臺灣單車環島
去遍全世界的迪士尼樂園
帶爸媽完成一次出國旅行
考潛水證照
玩一次高空彈跳
聽一場陳奕迅的演唱會
考駕照
學會烏克麗麗
學會烘焙
舉辦一場豪華的浪漫婚禮
去《非誠勿擾》的北海道拍攝地度蜜月

圖 2-1　王楠的願望清單

乍看之下，三十六個願望不少，但透過比較，明顯看出這三十六個願望有重合的部分：例如，去普羅旺斯看薰衣草、和去遍全世界的迪士尼樂園都屬於旅遊類；考CPA和CFA（按：特許財務分析師，Chartered Financial Analyst）資格證都屬於職場成長類。而且，不同的願望實現的時間也不同：例如，玩一次高空彈跳需要兩到三個小時，最多不超過一天，而練出馬甲線可能需要一個月，甚至兩、三個月。

我們需要先對這三十六個願望進行分類，把同類別的放到一起；再合併花費時間相同的選項，分清主次。現在，我們先把王楠的願望分為五類。

第一類：職場成長。考CPA資格證、考CFA資格證、考雅思、讀一百本書、考一個碩士文憑、年度考績拿到A。

第二類：婚戀生活。交男朋友並結婚、生一個孩子、舉辦一場豪華的浪漫婚禮、去《非誠勿擾》的北海道拍攝地度蜜月。

第三類：旅遊出行。去普羅旺斯看薰衣草、和閨蜜一起參加臺灣單車環島、去遍全世界的迪士尼樂園、帶爸媽完成一次出國旅行。

第四類：興趣愛好。考駕照、養一隻貓、養一隻狗、練好化妝技術、練出馬甲線、經營社交媒體、吃遍所在城市的美食、每天寫一千字、看完豆瓣推薦的兩百五十部電影、學習插花、參加一次馬拉松、給自己買一個香奈兒包包、報名一堂游泳課、考潛水證、玩一次高空彈跳、聽一場陳奕迅的演唱會、學會烏克麗麗、學會烘焙。

第五類：理財投資。擁有自己的房子、存下五十萬元、每天記帳、給全家買保險。

第二步：從同一類別裡「精簡」

在第一步中，我們已經把願望清單分為五類，但不得不說，還是太多。因為時間和精力是稀缺的，而選擇也存在機會成本，所以我們必須學會精簡，在眾多同類的事件中，選擇機會成本低的事情來做。那麼，如何判斷機會成本的高低？歸根結柢，還是從目標出發。在王楠的案例中，她很喜歡自己的職業，目標是成為一個資深財務專員，並且能夠成為部門主管，她業餘時間最大的興趣愛好是寫作，與此同時，她對愛情和家庭也抱有期待。圍繞著這樣的目標方向，我們來看看如何進行不同領域的價值選擇。

第一類：職場成長。進入職場後仍然堅持學習，自我增值，這是好事（關於學習第三章會詳細解說），但不同的學習內容價值也不同。想要選擇能為自己創造高價值的學習內容，就必須從未來的目標出發。

王楠列舉了她在職場成長類裡想做的六件事：考取 CPA 資格證、考 CFA 資格證、考雅思、讀一百本書、考一個碩士文憑、年度考績拿到A。

對王楠來說，想達成資深財務專員和部門主管這樣的目標她需要做什麼？首先，年度考績拿到A與目標的相關度很大，畢竟職場競爭激烈，想當主管的員工自然需要變得更優秀；她現在又處於會計職位，考取CPA資格證，對自己的專業成長和經驗收穫都有很大的幫助。所以這兩項是必須完成的，選擇保留。而其他項目，可以暫時排在後面作為候補，等到後面有餘力時，再選擇是否要花時間做。這裡我想重點提一下「讀一百本書」這件事。很多人會把讀書當成目標，但讀書本身不是目的，而是手段，是為自己的目標服務的。過於追求讀書的數量而忽視目標是本末倒置。所以，每個人可以保持讀書的習慣，並且是為你的目標而讀書，不必刻意追求數量。

結合王楠的目標，年度考評拿A和考CPA資格證是她職場成長中最重要的事。

第二類：婚戀生活。我們再來看看王楠婚戀生活類的計畫：交男朋友並結婚、生一個孩子、舉辦一場豪華的浪漫婚禮、去《非誠勿擾》的北海道拍攝地度蜜月。

不得不說，看著這些計畫，很多朋友先想到的可能會是由脫單、結婚這些基於緣分等不可控因素帶來的難度，但我們還需要看到的另一個重要因素，是巨額的消費支出。

我曾參加一個閨蜜的婚禮。婚禮舉辦的地點是某城市的大飯店，在場宴請的賓客至少有五十桌。現場有奢華的婚禮寫真照、溫馨的鮮花布置等，而且婚宴菜色也很豪氣——龍蝦、鮑魚應有盡有。我悄悄的問了下閨蜜，她說每桌成本為兩萬元左右，即使收到禮金，頂多收回一半的成本。我一盤算，這場婚禮少說也要花費五十萬元。

我不由得感嘆：如果用五十萬元去投資理財，每年一〇%的收益，就有五萬元的收入，這已是很多新人一年的薪水了。而王楠的計畫——舉辦一場豪華的浪漫婚禮，去《非誠勿擾》的北海道拍攝地度蜜月，這兩項加起來，至少是幾十萬元的消費。作為一名剛踏入社會的年輕人，這兩項高消費計畫並不是當務之急。所以建議其他項目先擱置，保留「交男朋友」這一項，且不必強求必須結婚。至於生孩子的計畫，也有大把時間去規畫。

因此，在婚戀生活這個類別，交一個男朋友是當下值得去做的事。

第三類：旅遊出行。旅行一直是一個吸引人的話題，體現了人們對世界的好奇和對生活的熱愛。當下這個時代，旅行漸漸分為兩種：一種是工作學習之外的純休閒娛樂；另一種是把旅行當成職業或者生活狀態。兩種選擇都沒有錯，關鍵是要清楚自己為什麼出發，同時清楚要付出的成本——錢和時間。

王楠的想法是能去普羅旺斯看薰衣草、和閨蜜一起參加單車環島、去遍全世界的迪士尼樂園、帶爸媽完成一次出國旅行。這四項均屬於工作之外的休閒娛樂。那麼她需要考慮兩個問題：一是金錢，二是時間。首先在金錢方面，不論如何計算，這四項費用都比較高。對於職場新人來說，暫時還是會有壓力，不過她可以把「帶父母出國旅行」以及「和閨蜜一起參加單車環島」保留，因為這兩者都需要和別人一起完成，越往後時間會越稀缺，不可控因素也越多，所以宜早不宜遲。而且「帶父母出國旅行」，如果是去東南亞國家，挑一個機票打折的時機去四、五天，每個人可以控制在兩到三萬元，是完全可以負擔得起的。但一般職場新人第一年是沒有年假的，她可以選擇在第二年或第三年利用年假時間去實現這兩個想法。

第四類：興趣愛好。一般求職應徵時，面試官會問應徵者平常有什麼興趣愛好？當然，面試官問的愛好並不是指消遣娛樂，而是專長。他們更願意看到的是：你的興趣未來能給公司帶來多大價值。

例如，我曾面試過一個應屆生，她說她的興趣愛好是閱讀寫作。我想：這個人可能文筆比較好，怎麼證明呢？於是就問她：那妳有沒有發表過什麼作品？她告訴我：她大學的時候不愛說話，也不愛參加各種活動，平時就喜歡一個人安靜看書、寫作；後來她在網路上報名一堂寫作課，每次的作業都被老師拿出來點評，她覺得這種感覺很好，彷彿一下子找到了自己的價值。寫作課畢業，她加了老師的微信，請老師幫她推薦一些投稿管道，曾為某公眾號網紅寫文章，點閱率達……這種答案就很符合面試官的預期，而且這樣的興趣確實會為你的能力加分，也正是挖掘人生價值的契機。

回到王楠的興趣愛好：考駕照、養一隻貓、養一隻狗、練好化妝技術、練出馬甲線、經營社交媒體、吃遍所在城市的美食、每天寫一千字、看完豆瓣前兩百五十部推薦電影、學習插花、參加一次馬拉松、給自己買一個香奈兒包包、報名一堂游泳課、考潛水證、玩一次高空彈跳、聽一場陳奕迅的演唱會、學會烏克麗麗、學會烘焙。

這些興趣愛好非常廣泛，且有些成本很高，如「考潛水證」需要四、五天集中學習，加上住宿和考證的費用，至少需要一萬元；「給自己買一個香奈兒包包」也需要五、六萬，而且這純粹是個人消費需求，對往後職場成長和個人生活也沒有可見的投資價值，所以建議她留下這部分錢，用於理財投資，等資金充裕了再買。有些興趣愛好的金錢成本或許不高，但時間成本很高，如「經營社交媒體」、「每天寫一千字」等；有些興趣愛好很籠統，如「吃遍所在城市的美食」，請問要吃多少家算是「吃遍」？所以，她應根據自己的價值需求，和實現的難易程度重新做排序，量化出最重要，或對她未來最有投資價值的十項。

最後經過一番糾結，她留下的十項是：練好化妝技術、練出馬甲線、參加一次馬拉松、報名一堂游泳課、玩一次高空彈跳、聽一場陳奕迅的演唱會、學會烘焙、經營社交媒體並每週發一篇文章、每月吃一頓大餐美食、每月刷豆瓣推薦的一部電影。

第五類：理財投資。王楠想做的一系列事情中，直接與投資理財類相關的不多，但都需要金錢做後盾。在王楠的計畫中，每天記帳只要自律就很容易實現；而存下五十萬元、擁有自己的房子和給全家買保險這三項，看起來實現難度比較大，但如果她懂得理財技能，完全有實現的可能。現在擁有自己的房子實現起來也並不難，很多懂投資的年輕人會購置海外房產，購買門檻並不高，而且可以每月收租給自己帶來被動收入。

所以，這四項都可以保留，前提是她需要多加一項——學習投資理財。只有掌握系統的理財知識，才能保證她迴避一些「地雷區」，讓錢為自己賺錢。

透過一番比較和取捨，王楠的必做事二十件就誕生了（見左頁圖2-2）。

打孔第三步：完成！

當然，這只是相對的，如果執行過程中有新發現或遇到更有價值的機會，也不用一定要按照清單來；但如果你開始確認了一段時間內必做的二十件事，就會更有目標感和儀式感，讓你可以全力以赴把時間和精力花在重要的事情上。

好了，看完王楠的例子，你必做的二十件事是什麼？找到它們後記得寫在類似第六十六頁圖2-3的清單中，確保自己可以經常看到它。

1. 考取 CPA 資格證
2. 年度考績拿 A
3. 交一個男朋友
4. 和閨蜜去臺灣單車環島
5. 帶爸媽出國旅行
6. 練好化妝技術
7. 練出馬甲線
8. 參加一次馬拉松
9. 報名一堂游泳課
10. 玩一次高空彈跳
11. 聽一場陳奕迅的演唱會
12. 學會烘焙
13. 經營社群媒體並每週發 1 篇文章
14. 每月吃一頓大餐美食
15. 每月刷豆瓣 Top250 中的一部電影
16. 學習投資理財知識
17. 每天記帳
18. 擁有自己的房子
19. 存款 50 萬元
20. 給全家買保險

圖 2-2　王楠的 20 件必做的事

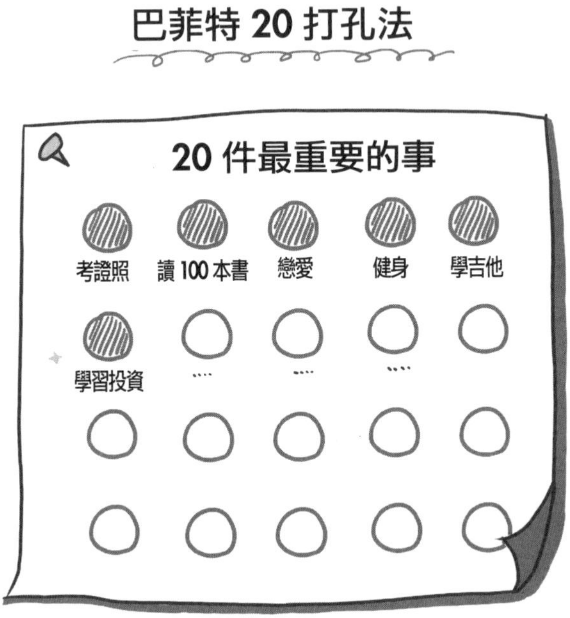

巴菲特 20 打孔法

20 件最重要的事

考證照 讀 100 本書 戀愛 健身 學吉他

學習投資 …. …. ….

圖 2-3　巴菲特 20 打孔法 ： 找到 20 件最重要的事

3 借用願望清單，幫助目標實現

了解巴菲特二十打孔法後，你可能會覺得：這也太麻煩了吧！要把三十六個願望分成五類，然後再選出二十個。下面介紹一個更簡單、直觀的方法——「願望清單」，它能幫助你發現自己真正想做的事情。

願望清單魔咒：八〇%的人無法完成

說到願望清單，我們都不陌生。通常，每年的年尾和年初是大家列願望清單最積極的時候。然而，大多數人都無法完成自己立下的目標，這似乎成為一個不爭的事實。英國布里斯托大學（University of Bristol）曾做過一個調研，八八%的新年計畫以失敗告終。其他國家也做過類似的研究，結果大同小異。為什麼會這樣？解答這個疑問之前，我們先來看看臉書（Facebook）執行長馬克・祖克柏（Mark Zuckerberg）的願望清單是怎麼做的（見

2009 年：每天都戴領帶上班
2010 年：學習中文
2011 年：只吃自己殺死的動物的肉
2012 年：每天寫程式碼
2013 年：每天跟除了臉書員工以外的不同人見面
2014 年：每天寫一封感謝信
2015 年：每兩週閱讀一本新書
2016 年：造出自己的 JARVIS 智能管家
2017 年：走遍美國 50 個州
....

圖 2-4　祖克柏的願望清單

圖2-4）。

祖克柏每年都會給自己定下一個挑戰目標，每完成一個目標，他就會在目標後面打一個「✓」。

我們可以看到，名人的願望也不見得都是那麼遙不可及，反而可實踐性非常強，例如，每天都戴領帶上班、學習中文、每兩週閱讀一本新書等等。

為什麼我們喜歡列願望清單？從心理學的角度來說，願望清單可以讓壓力變成動力釋放出去，有心理治療的作用。而且好幾個小驚喜相加，其快樂程度遠比一個大驚喜給你帶來的快樂要持久。與此同時，小驚喜對大腦的刺激，可以激勵我們更有鬥志，為下一個願望去努力。

回到我們為什麼無法完成願望清單這個問題，我們發現：很多人的願望清單上會寫「今年閱讀一百本書、脫單、脫貧等」。這些願望的實踐難度較大，而且互相無關聯甚至還相互衝突。

例如宅在家裡或者泡在圖書館讀書，就會減少外出社交認識異性的機會，進而影響脫單，完成一個目標都有難度，更別說全部完成了。如果沒有前面一個個小目標達成後的激勵作用，越到後面反而會越沒有動力。

設立願望清單的三個原則及需求辨析

參考祖克柏的願望清單後，接著就是為自己設立一個可執行的願望清單，設立的過程中，通常有三個原則需要考慮：

1 拆解、聚焦：

在祖克柏的願望清單中，不管是讀書還是寫程式碼，他會聚焦到每一週、每一天，類似我們前面提到的ＳＭＡＲＴ原則，這樣就會比較具體，提高執行性。

2設置目標層級：

低層級的目標較容易完成，這會激勵你向更高難度的目標邁進。

3設置獎勵機制，讓目標之間相互關聯：

在了解了以上三個原則後，我們還有一件非常重要的事情要做，即解析自己的需求——必要、需要和想要。作為一個理財教育界的創業者，我經常收到類似這樣的諮詢：我也想靠錢生錢，但是我就是存不下錢怎麼辦？我很想存錢，但看到想要的東西，我就忍不住把錢花光。

其實，想解決這樣的問題，還是要從內心出發——知道如何區分自己的必要、需要和想要，也就知道如何規畫自己的生活了。「必要」，指維持一個人生活的必須要素，沒有這個要素就很難維持生存了；「需要」，指維持基本生活水準的要素；「想要」，是滿足更高生活水準的消費要素。我們以一日三餐為例，每天吃饅頭、鹹菜，成本低，能維持生存，這屬於必要；如果想稍微吃得營養一點，選擇給自己加個雞腿或者滷蛋，再加一些餐後水果，這就屬於需要；但如果想追求更高的生活水準，出去吃一頓一千元左右的日式料理，這就是想要的消費支出了。

規畫願望清單正是把自己真正的願望寫下來，列個清單，按自己想要的程度進行排序；再給自己制定目標，只要達到一個目標，就可以獎勵自己實現清單上的一個願望。那麼，具體如何操作呢？我們可分為四步來實現。

四步實現願望清單法

第一步：列出「想要」和「目標」。

你的願望是什麼？對自己有哪些期待？認真的想一想，然後找一支筆和一張空白的紙，一一寫下來。但要注意的是，願望一定要具體，不能太抽象。例如，「今年一定要比去年過得更好」、「希望一切安好」，諸如此類的願望，看起來十分美好，但這類願望沒有具體的目標，而且不容易實現，讓人無從下手。所以在願望清單上列出來的願望一定是詳細的、可操作的，要包括時間、地點、具體事情、完成程度以及獎勵機制。下面是兩位同學的願望清單。

同學A的願望清單：

【我的想要清單】

1. 買一本喜歡的畫冊。

2.聽一場陳奕迅的演唱會。

3.買一個夢寐以求的高級耳機。

【我的目標】

六個月內讀二十本經濟管理書（讀書類別也要具體）。

【獎勵規則】

讀完五本書就買畫冊獎勵自己、讀完十本書獎勵自己聽演唱會、讀完二十本就買耳機給自己。

同學B的願望清單：

【我的想要清單】

1.高級遊戲裝備。

2.帶女朋友吃一頓米其林餐廳。

3.去雲南大理旅遊。

【我的目標】

1.考取證券從業資格證。

2.期末考試全部科目都通過。

3.拿到獎學金。

【獎勵規則】

1.六月之前考取證券從業資格證，獎勵自己購買遊戲裝備。
2.期末考試全部科目都通過，就帶女朋友去吃一頓米其林。
3.拿到獎學金，就去雲南大理旅遊。

在這樣的獎勵規則下，不僅目標和願望可以相結合，而且經過拆解和細分，執行起來也會更容易。

第二步：克服時間上的「拿鐵因子」。

拿鐵因子由美國作家兼金融顧問大衛．巴哈（David Bach）提出，源於一個故事：有一對夫妻，每天早上必定要喝一杯拿鐵咖啡，看似很小的花費，三十年累積下來竟花費了六十萬元。拿鐵因子用於指非必要的開銷，看似不經意的消費，經年累月、聚沙成塔，加起來就是一筆大開銷，結果只有一個：存不到錢。相同的，時間也是如此。

我們會有這樣的感受：生活被太多的瑣事喧賓奪主，常常有很多工作還未完成，卻忍不住追劇、打遊戲、滑臉書，這些都可以被認為是時間上的拿鐵因子。最後，面對尚未完成的任務，內心惶恐，毫無成就感。

所以在執行願望清單的過程中，我們必須找出是哪些瑣事侵占了我們的時間。我們可以用理財記帳的方法，來記錄一天的生活。連續記錄一週就可以看出自己的時間拿鐵因子。下面以「王楠的一天」為例。（見左頁圖2-5）

王楠在一天中，除工作、學習和必要生活外，在通勤、查看社群媒體和刷抖音上花費的時間比重較大，同時也影響工作品質。找到時間的拿鐵因子之後，她就將這些因子除掉。而通勤所花費的時間，如果無法透過搬家來避免，就可以考慮透過閱讀、聽有聲書或其他方式來高效利用這段時間。

第三步：獎勵機制很重要。

有時設定的目標在實現時有一定難度，並且難以長期堅持，這時就需要獎勵機制發揮作用了。查理・蒙格認為，獎勵機制對改變一個人的認知和行為有巨大的力量。

《窮查理的普通常識》（*Poor Charlie's Almanack*）中，提到聯邦物流快遞公司（FedEx）的例子：為了把貨物準時的送到顧客手上，聯邦公司必須在三更半夜把貨物送上飛機。但是有一段時間，送貨總是延遲，原因是上夜班的員工總是無法準時把貨物送上飛機。即使管理階層對他們曉之以理、動之以情，都沒有效果。

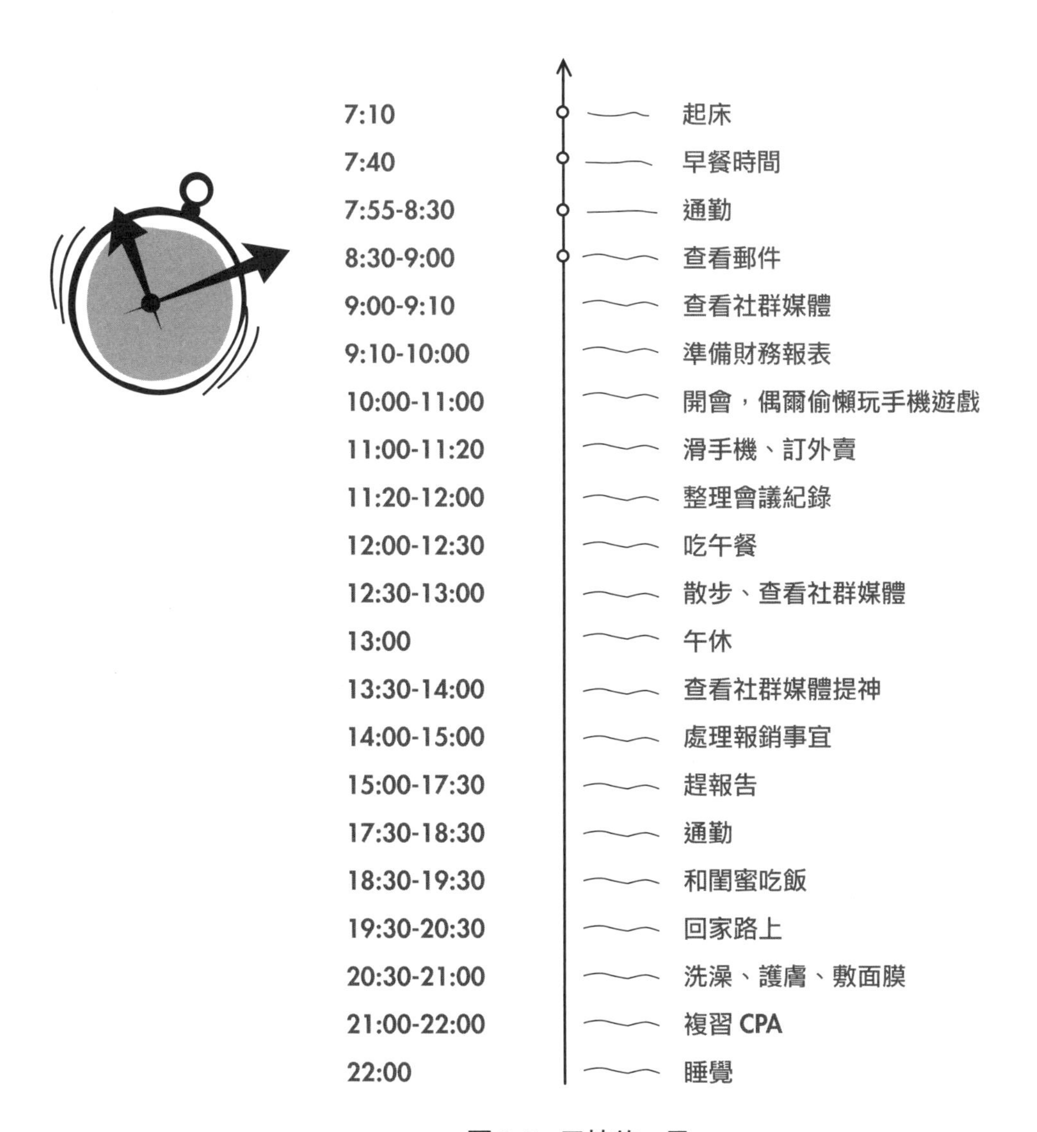
7:10
起床
7:40
早餐時間
7:55-8:30
通勤
8:30-9:00
查看郵件
9:00-9:10
查看社群媒體
9:10-10:00
準備財務報表
10:00-11:00
開會，偶爾偷懶玩手機遊戲
11:00-11:20
滑手機、訂外賣
11:20-12:00
整理會議紀錄
12:00-12:30
吃午餐
12:30-13:00
散步、查看社群媒體
13:00
午休
13:30-14:00
查看社群媒體提神
14:00-15:00
處理報銷事宜
15:00-17:30
趕報告
17:30-18:30
通勤
18:30-19:30
和閨蜜吃飯
19:30-20:30
回家路上
20:30-21:00
洗澡、護膚、敷面膜
21:00-22:00
複習 CPA
22:00
睡覺

圖 2-5　王楠的一天

後來他們終於想通了，問題就出在獎勵機制上：以時薪支付薪水，工作的時間越長，員工的薪水就越高，所以他們會故意延長工作時間，從而貨物不能按時送上飛機，也就無法及時送達顧客手中。後來，聯邦公司決定修改獎勵機制，按飛機班次支付薪水，也就是以「接單量」計算獎勵，並允許員工幹完活可以提前回家。這個方法立刻解決了貨物延遲的問題，貨物也能準時送到顧客手中。

所以當我們完成目標之後，一定要嚴格執行獎勵機制。將你對自己許下的承諾一一兌現，進而給大腦更多的激勵，繼續向下一個目標奮鬥。除了滿足願望的大獎勵，我還建議你為自己設置小獎勵，不斷刺激大腦皮層。

例如專注讀書四十分鐘，獎勵自己一杯優酪乳；連續三天做ＣＰＡ題庫，獎勵自己一件小裙子或一個鍵盤等。這種小確幸會讓你的生活充滿驚喜，不知不覺你會發現，你所做的比你想像的要多得多。

第四步：反思創新。

實踐願望清單的過程中，不僅要埋頭苦幹，還要抬頭看路。我們需要對短期目標進行回顧，採用一週一回顧的方法，定期反思，並針對問題進行調整。

這裡介紹一個反思總結的好方法——ＰＤＣＡ循環管理。ＰＤＣＡ循環將質量管理分

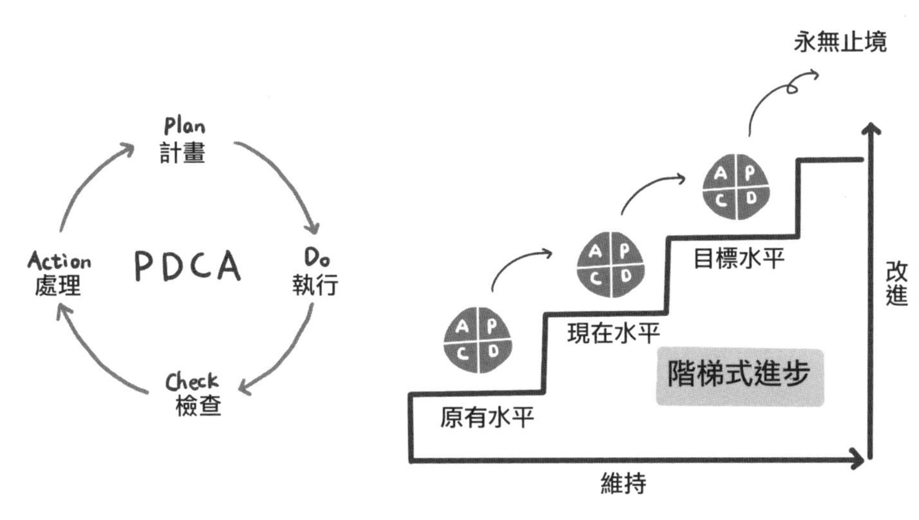

圖 2-6 PDCA 循環法

為四個階段，即計畫（plan）、執行（do）、檢查（check）、處理（action）（見左頁圖 2-6）。

在品質管理的作業中，該系統要求按照各項工作做出計畫、實施計畫、檢查實施效果，然後將符合標準的產品記為合格，不符合標準的產品留待下一次循環去解決。

願望清單的管理也是如此：列出清單、計畫實施、鑑定效果、反思調整。這四個步驟不是靜態的，而是動態的，需要反覆的調整、實踐、再調整、再實踐，多次循環直至最後解決問題。

例如，你計畫上週背完一百個單字，但是沒有完成，那就需要仔細反思：是目標定得太高了？還是執行過程中遇到了時間拿鐵因子？

依次把可能的原因記下來，再進行分析，最後再調整目標，從而找到一個最適合自己的節奏。

好了，講完願望清單，你不妨按照下面的範本（見第七十九頁圖2-7），給自己做個計畫，記得定期進行調整和反思哦！

「願望清單法」小結

使用願望清單法，可以將短期目標和長期願望相結合，從而讓自己完成事情的效率超乎想像。讀到這裡，你可能會有疑問：前面介紹巴菲特二十打孔法推崇的理念是少即是多；而願望清單法，似乎是想讓我做的事越多越好，這不是矛盾嗎？

其實，不論是巴菲特二十打孔法，還是願望清單法，初衷都是在讓你正視資源有限的前提下，最大限度的完成你想做的事。這兩種方法的共同目標並不矛盾。我們只需要挑選對自己最有用的工具，讓我們生活得更美好，這就足夠了。最後，我們不妨多利用理財工具，嘗試用資產配置法來規畫我們稀缺的時間。

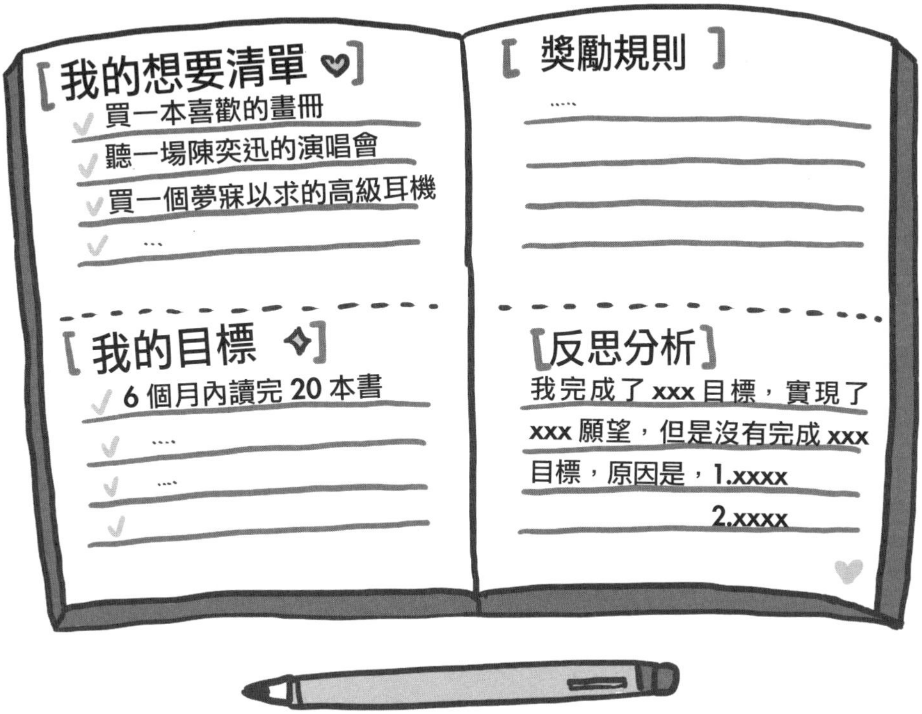

[我的想要清單]
買一本喜歡的畫冊
聽一場陳奕迅的演唱會
買一個夢寐以求的高級耳機
…
[獎勵規則]
……
[我的目標]
6 個月內讀完 20 本書
….
…
[反思分析]
我完成了 xxx 目標，實現了
xxx 願望，但是沒有完成 xxx
目標，原因是，1.xxxx
2.xxxx

圖 2-7　願望清單

4 標準普爾家庭資產配置法，超過十萬個家庭使用

資產配置法，來自標準普爾（Standard & Poor's）家庭資產象限圖，標準普爾是全球最具影響力的信用評級機構，曾研究全球十萬個資產穩定增長的家庭，分析、總結他們的家庭理財方式，從而得到標準普爾家庭資產象限圖（見左頁圖2-8）。因此，標準普爾家庭資產象限圖被公認為最合理、穩健的家庭資產分配方式。

從圖2-8中可以看出，標準普爾家庭資產象限圖的四個部分，是把一個家庭（或個人）的全部資產分配到四個帳戶（象限）——要命的錢（一〇%）、保命的錢（二〇%）、生錢的錢（三〇%）和保本的錢（四〇%）。這四個帳戶的作用各不相同，所以投資管道也有所差異，為確保資產長期、持續、穩定的增長。那麼，把該方法延伸到我們生活中可支配的時間規畫上（注意是可支配，每晚八小時的必要睡眠時間已經剔除）該如何使用呢？

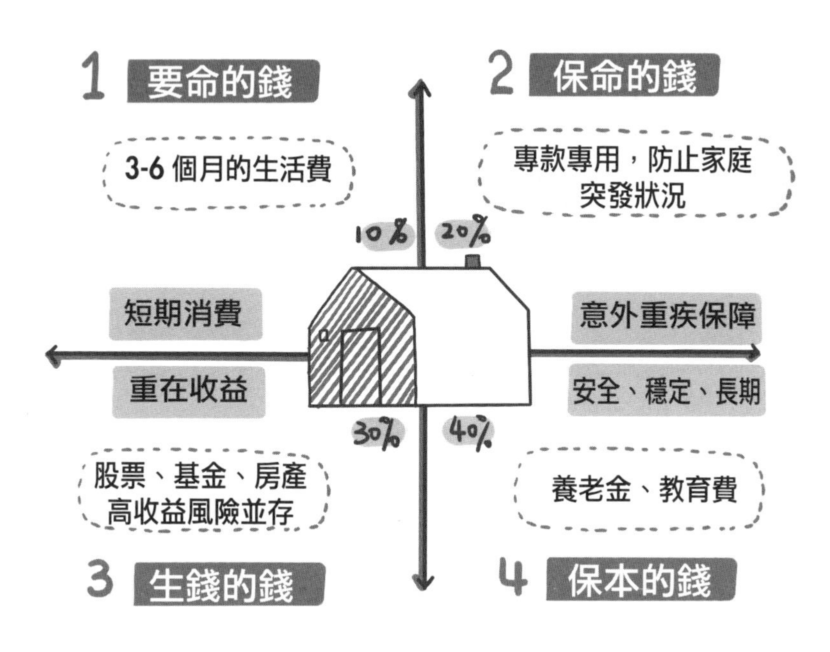

圖 2-8　標準普爾家庭資產象限圖

我們先來了解每個帳戶的作用。

第一象限：日常消費 vs. 日常生活（一〇%）。

首先，短期消費帳戶是一個家庭用於日常消費的錢，一般占資產的一〇%，是三到六個月的生活費。這些錢主要用於家庭的基本生活消費開支，如食衣住行等，所以又稱為「要命的錢」。

延伸到生活的時間規畫中，這部分配置就相當於我們的日常生活所必需的時間，如一日三餐、休息以恢復體力的時間。這是避免不了的，大約占我們可支配時間的一〇%。

第二象限：保障帳戶 vs. 槓桿投入（二〇%）。

第二個象限是保障帳戶，是用來規畫「保命的錢」。保障帳戶專門用於解決突發情況下的大筆開支，以保障家庭在遭遇意外事故、疾病時，有足夠的錢來應對突發狀況。一般情況下，保障帳戶的金額約占家庭總資產的二〇%。同時，這個帳戶又叫「槓桿」帳戶，如同物理學裡的槓杆一樣，以小博大，用最小的力撬動最重的物體。一個家庭只要有了二〇%的保命的錢（可以是保險投資，也可以是其他相關保障資金），一旦遇到意外突發事件，就能發揮巨大的作用。

那麼延伸到生活中，什麼事情相當於保命的事，一定需要我們留下這二〇%的時間呢？在我看來，是那些平時不用占用太多時間，但關鍵時刻又能發揮大作用的事情。例如，對於大學生來說，幾乎每個人都希望讀完大學後能順利畢業，拿到畢業證書；那麼平時和畢業相關的必要活動就一定要做，如參加期中考試、透過英語檢定、完成畢業論文等，這都是相當於保命的投入。

而對於職場人士，按時上班、定期做工作總結彙報、完成自己的工作任務，就是屬於保命的事。雖然看似瑣碎，但必須做到，因為這是一個企業標準化流程下的必要環節。如果不做，可能會影響公司的正常運轉，更會影響個人的職場發展。

第三象限：投資收益帳戶 vs. 自我投資（三〇%）。

第三象限是投資收益帳戶，即用「錢生錢」的帳戶，一般占比為三〇%。這個帳戶裡的錢主要用於投入收益相對較高，但也有風險的投資，如股票、基金、房地產等。當然這筆錢需要運用經驗和知識去判斷，也有虧損的可能，所以一般控制在三〇%。這樣既可能帶來高收益，同時即便虧損了，也不會造成致命的打擊。

在時間規畫中，自我投資就屬於第三象限。自我投資正是為十年後，乃至更遙遠的自己，做出的大膽嘗試。年輕時，你可以做許多嘗試，結果不一定能百分之百成功，但即使失敗，也不會對生活造成致命影響。例如我認識的很多自媒體創業者，都是一開始在工作之餘開個公眾號寫稿子，然後讀者越來越多，最後辭職成為內容創業者，年收入翻了超過十倍。但前提是，這些是在不影響你現有生活基礎上的嘗試。如果沒有固定的收入，卻把全部人生賭在這一件事上，就和傾注全部家當，購買高風險投資品的投機者沒有區別，萬一失策，損失會非常慘重。

第四象限：長期收益帳戶 vs. 穩步積累（四〇%）。

第四象限是長期收益帳戶，是用於規畫保本增值的錢，一般占比為四〇%。第三象限的資產是用於投資高風險、高收益的投資品，是更高的追求和探索。而第四象限的資產投資的是低風險、穩定收益的投資品，可能收益有限，但長久下來可以讓財富穩健增長，兩者的差別就在於風險和收益。

在時間規畫中，第四象限這四〇％的時間建議用於完成人生主業，積累個人價值。不管具體做什麼，都要以目標為導向，一步一個腳印去完成。例如我們前面提到的王楠，她的目標是成為財務部主管，那麼她至少四〇％的時間都要用於修煉好職場，以及財務技能等基本功，逐步成長。同樣的，不管你的工作是什麼，不妨檢視一下自己生活中四〇％的時間，和未來的事業目標是否一致。

最後，把自己想做的事情規畫到四個象限裡，孰重孰輕便一目了然。我們仍然以王楠為例，她一開始列出在未來三年想做的事，對應到「標普四象限」裡，（見左頁圖2-9）。把每件想做的事情放到四個象限裡，你就會更加清晰做每一件事的目的及作用，進而能夠更好的規畫自己的寶貴時間。

你可能還聽過其他的方法，例如管理學大師史蒂芬·柯維（Stephen Richards Covey）提出的高效能人士四象限，把要做的事情按照「緊急」和「重要」分成四個象限：重要又緊急、重要不緊急、不重要但緊急、不重要也不緊急。這種規畫方法也很實用，有興趣的人也可以試試，這裡就不再舉例了。我們要清楚的是，這些工具對我們的幫助是什麼？本質上，就是本章開篇提到的資源的稀缺性。**因為我們無法面面俱到，所以要利用這些工具**

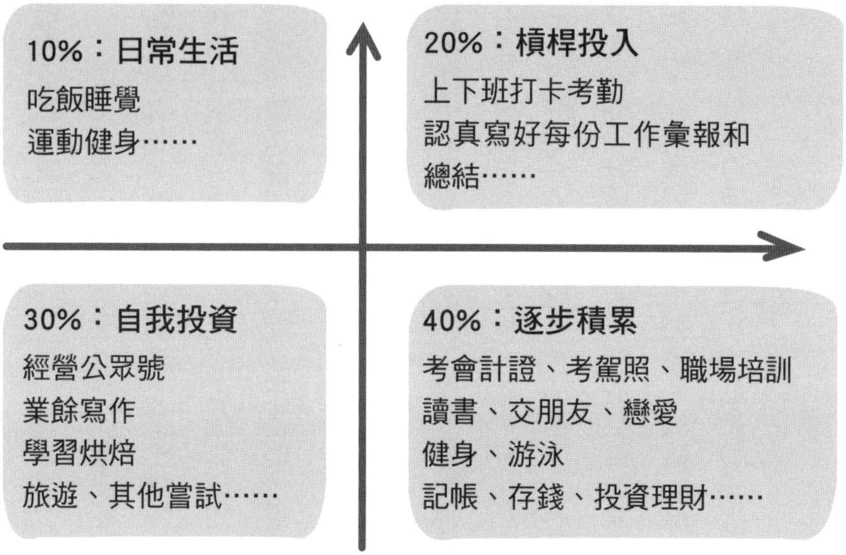

10%：日常生活
吃飯睡覺
運動健身……

20%：槓桿投入
上下班打卡考勤
認真寫好每份工作彙報和總結……

30%：自我投資
經營公眾號
業餘寫作
學習烘焙
旅遊、其他嘗試……

40%：逐步積累
考會計證、考駕照、職場培訓
讀書、交朋友、戀愛
健身、游泳
記帳、存錢、投資理財……

圖 2-9　王楠的要事規畫四象限

進行時間價值規畫和機會成本選擇，清晰、高效的做出取捨。

行動讓選擇更完美

這一章我們雖然主要介紹時間規畫，但重點是認識資源的稀缺性，這是機會成本之下的最佳選擇。每一次面對有限的資源和看似無限的選擇，我們都容易陷入迷茫：如何才能保證每一步都是對的？如何用最少的時間換取最大的價值？

首先，借助思維工具幫我們判斷，最後透過選擇讓價值最大化；其次，找到自己最想做的事，圍繞著目標努力。

《稀缺》（*Scarcity*）這本書中提到一個

詞叫「專注紅利」，講的就是在稀缺的現狀之下，專注一件或者少數幾件事，反而會帶來意想不到的效果。

在我看來，思維工具也好，專注紅利也好，都是輔助選擇的工具，不可能保證絕對正確。正如投資理財時，我們可以借助工具抓住相對賺錢的機會，但永遠無從知曉牛市何時到頂、熊市何時抄底，也永遠無法預知未來。那麼，在沒有辦法「確定一定以及肯定」的時候，難道就不選擇了嗎？不是的，最最重要的恰恰是行動本身。如果不努力做出行動，向前一步，可能永遠也無法收穫進步和驚喜。

我在過往的人生中，曾做過三次重大的職業選擇：辭掉公務員、放棄安穩的生活、迎接挑戰；辭掉高薪的諮詢工作、選擇降薪投入NGO組織、迎接理想和情懷；創立自己的公司、擁抱更多不確定性，除了鮮花和掌聲，也遭到很多質疑和攻擊。每一次選擇都伴隨著得到和失去。我對過往既有遺憾，又備感珍惜，但因為我做出了行動，所以從未後悔。

此時，對於年輕的你，不必害怕選擇，更不要過於糾結背後的機會成本。有時人生很無奈，你永遠不能選出最完美的路；但人生又很幸運，你能把每一條不完美的路都努力走得更完美。再多的方法和工具都只是參考，要想擁有一個充實的人生，就果斷大步向前吧！

第3章

成長思維，區分你的能力圈與舒適圈

1 最好的投資，是投資自己

你是否有過這樣的經歷：來到書店，面對琳琅滿目的書籍忍不住買買買。過了一段時間後，很多圖書都成了書架上的裝飾品，甚至連包裝都還沒有打開。還有人熱衷於囤課，「達人手把手教你理財」、「職場達人必備技能」……無論自己是否需要，都會花錢先買下來。買的時候總想著「等我有空了，就一定要學」，但一直到課程過期，也沒認真學過幾次。在買課時美其名是投資自己，但實際上不過是另一種花錢買心安的窮人思維。

窮，不僅限於財富

窮人思維的背後，其實是一種追求一勞永逸的速成心態——恨不得什麼都先拿過來，最好一步到位，卻不仔細思考所需要的付出。這種方法真的能如願嗎？我們不妨先來認識財富上的窮人思維。

1 財富上的窮人思維：追求一夜暴富。

富人和窮人最大的差別是什麼？有人說：很明顯啊，富人有錢，窮人沒錢。然而這只是表面現象，實際上富人確實有錢，但有錢人不一定是富人。

美國全國經濟研究所（National Bureau of Economic Research）的一項調查顯示：近二十年來，大多數歐美國家的彩票頭獎得主，在中獎後不到五年內，都因揮霍無度等原因變得窮困潦倒。該項調查同時顯示，美國彩票中獎者的破產率每年高達七五％，每年十二名中獎者當中就有九名破產。

由此可見，如果沒有富人思維，即便一夜暴富，過不了多久也很有可能會再次回到窮人階級。《經濟學與統計學評論》（*Review of Economics and Statistics*）對這個現象做了分析，表面原因是他們欲望無度，不知道合理規畫金錢，但深層次的原因是：彩票中獎者的教育水準和理財知識有限，他們並沒有**擁有財富的能力**。換言之，他們在財產上是一個「有錢人」，但他們在思維上卻是一個「窮人」。於是最後，他們的高財富向低財商靠攏，達到「均值回歸」。

在華人社會，很多父母願意把資產都留給子女。但如果只是給孩子留下了錢，卻沒有幫助他建立起足夠的「財富智商」，就不能算給孩子留下了真正的財富。真正讓孩子未來有保障的，是不斷學習富人思維，讓孩子擁有高財商。這樣，即便他們的財富暫時較低，但會擁有創造財富的能力，讓未來可期。

網路上曾經有個英國節目叫《富人家，窮人家》（*Rich House, Poor House*）。節目讓貧富差距巨大的兩個家庭互換一週生活。窮人家庭一週只有一百五十英鎊（按：約新臺幣五千五百五十元，一英鎊折合新臺幣約三十七元），富人家庭一週有三千英鎊。互換以後，窮人異常開心。他們做的第一件事情就是出去大吃大喝，到商店購買許多之前想要卻買不起的東西，進行各種奢侈的享受。一週後，當他們回到原來的生活，還是像從前一樣貧窮。

而富人在互換之後並沒有喪氣，他們首先思考這一百五十英鎊應該如何分配，先留出一部分作為積蓄，然後再考慮消費。他們會積極應對，從生活中找到可以變現的方式，並利用很多不需要花錢的方法為生活增添快樂。雖然只有短暫一週，但他們已經開始考慮如何更好的開源、理財和工作。

透過節目我們知道：**窮人之所以窮，是因為他們從來沒有長遠而明確的規畫，只注重一時的享受和眼前利益**。而富人之所以富，靠的是思考問題的角度、清晰的規畫、堅定的意志和高級的財商。如果沒有這些，即使擁有萬貫家財，也可能會千金散盡。

2 學習上的窮人思維：追求一勞永逸。

認識了財富上的窮人思維，我們再來看看學習上的窮人思維。在很多人眼裡，在大學讀書就是為了拿文憑，並不在意學到了什麼。

我的一個朋友在大學工作，他帶的學生裡有這麼一部分學生，家庭條件優渥，但各方面的表現都一般，平時幾乎不參加任何活動。畢業季裡，其他同學都在忙著寫履歷、找工作，他們卻悠哉悠哉的，一點也不著急。他們認為只要能拿到畢業證書，就可以靠關係去公司上班。對他們而言，上大學只不過是為了這個文憑，至於這個文憑是怎麼拿到的，在大學裡面具體做了什麼、學了什麼，似乎不那麼重要。

這種把獲得文憑和工作畫上等號，以求一勞永逸的心態，就是一種學習上的窮人思維。在很多人的普遍認知裡，都認可「好好學習、考個好大學、得到一份好工作、人生無憂」這個順理成章的邏輯。尤其在父母那一輩的認知中，好工作的典型代表大都是所謂的鐵飯碗，如公務員、國企、銀行等，似乎能進入這樣的公司工作，就有了一棵可以依傍的參天大樹，直到終老。

至於這份工作能帶來多大的成長和價值，並沒有考慮太多。可事實上，這種認知在我們的父母那一輩或許還行得通，在現在這個時代，這種思想不僅非常落後，甚至還很危險。如果對待財富秉承窮人思維，可能最差的結果也不過是為了錢操心奔波，但如果在學習上還停留在窮人思維，往往會讓自己陷入困境。

你的財富和知識，也會因通貨膨脹而貶值

有一次我和學生們聚會，聊到ＡＩ人工智慧，幾乎所有人都在問我同一個問題：你覺得哪個職業在未來是安全的？我表示：只要有這種心理，任何職業都不安全。

為什麼這麼說？因為他們之所以問這個問題，是想找到一個安全的職業，然後轉行過去，這樣即使未來受到ＡＩ人工智慧的衝擊，也能高枕無憂；其實這正是一種典型的一勞永逸的思維。如果在財富上追求一勞永逸，除了前面提到的因揮霍而守不住財富，還會有客觀的通貨膨脹在侵蝕你的財富；在學習上如果追求一勞永逸，同樣也存在知識上的通貨膨脹。

通貨膨脹的經濟學解釋是：流通的貨幣過多，超過經濟運行的需求，導致貨幣貶值，購買力下降，相應的物價就上漲了。為了更清晰的理解通貨膨脹的含義，我們來舉個例子。

假設整個市場上只有一百個西瓜，同時市場上流通著一千元，每個西瓜價值十元。第二年政府多印發了一千元，市場上流通著兩千元，但是生產力並沒有提高，還是只有一百個西瓜，貨幣卻增加了一倍，每個西瓜變成了二十元。也就是說，西瓜貴了，但西瓜的價值卻沒有增多，個頭還是那麼大，甜度還是和以前一樣，只不過原來需要用十元買，現在變成二十元了。

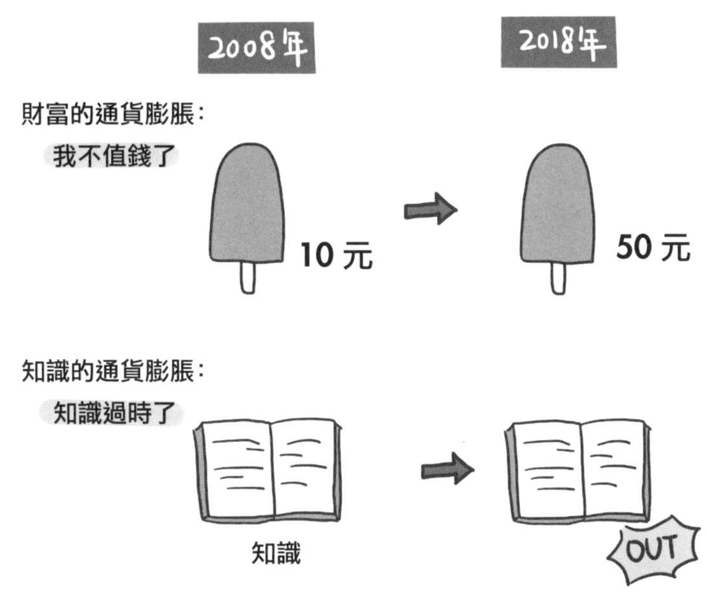

圖 3-1　財富和知識的通貨膨脹示意圖

相信你或多或少對通貨膨脹也有感覺：上小學時一根雪糕的價格是十元；到了大學，雪糕賣三十元。雪糕還是那枝雪糕，價格卻貴了，而現在已經是五十元了。這就是財富的通貨膨脹。但比這更可怕的，是知識和技能的通貨膨脹（見圖 3-1）。

二〇一八年麥肯錫全球研究院發表的一份名為《可實現的未來》（*A future that works*）的報告，其中提到未來二十年將會有七〇%的工作被淘汰。正如我們熟知的 Excel，它堪稱是人類一項偉大的發明，有了它之後，表格內容的輸入、計算等運用都非常方便。以前沒有 Excel 的時代，做一個改動可能需要用鉛筆、橡皮擦和桌上的計算機工作幾個小時才能完成，而現在只需要十分鐘。美國國家公共廣播電臺（National Public Radio）的《金錢星球》（*Planet Money*）節目推斷出，在丹．布瑞克林（Dan Bricklin）設計的 VisiCalc 軟體（Excel 的前身）推出三十五年後，美國失去了四十萬個會計工作職位及相關從業人員。

清閒的工作並不能成為鐵飯碗，從來就沒有什麼工作可以一勞永逸。一勞永逸這個詞的落腳點是永逸，其本身代表的就是懶惰，懶於競爭、懶於思考、懶於學習。正是這種懶惰，才會讓我們被社會所淘汰。我們**需要的不是找一份可以依靠一輩子的工作，而是發掘自己可以依靠一輩子的學習力。**

現在資訊化的發展日新月異，我們無法保證在大學裡所學習的任何一項知識或技術，在五年以後仍然管用。但我們能保證的是，能夠獨立思考並掌握學習的方法。這樣，無論五年以後出現任何新技術或新工具，都能遊刃有餘面對。這裡「掌握學習的方法」就是擺脫窮人思維，去重新看待學習的具體體現。

既然窮人思維不可取，那怎樣才是富人思維呢？很簡單，就是把自己變成一筆資產，不斷增值。

用富人思維自我增值

《富爸爸，窮爸爸》這本書裡講到資產時，提出一個簡單的標準：不斷往我們兜裡賺錢的東西就是資產；與資產相對應的就是負債，而讓我們不斷往外付錢的東西，就是負債。但最好的資產又是什麼呢？作者羅伯特．清崎（Robert Toru Kiyosaki）曾問過富爸爸同樣的問題。富爸爸反問他：「黃金是資產嗎？」清崎回答當然是了，黃金是唯一能禁得起時間考驗的貨幣。但富爸爸告訴他，你現在只是在重複別人關於資產的觀點，而不是驗證事實。只有當你真正買入黃金，並低買高賣時，黃金才算是一項資產。例如，你花一百美元買入，以兩百美元的價格賣出，這樣黃金才能算作資產，但如果你花兩百美元買入，一百美元賣出，你倒賠了一百美元，這項投資就叫負債。

實際上，**你唯一的資產就是你自己，最好的投資也是投資你自己。**唯有你能對每一個選擇做決定，你能決定黃金在什麼時候買入和賣出，你能決定黃金是資產還是負債。即使是同一個行業，不同的人來做，也會有不同的結果。其背後的原因是，一個人投資了自己，學習了投資技能，並擁有把投資變成資產的能力；而另一個人沒有投資自己，即便是第一次賺了錢，也並不擁有「賺錢的能力」。

巴菲特在卡通《祕密百萬富翁俱樂部》（*The Secret Millionaire's Club*）裡也說過：「最

好的投資，就是投資自己。」因為健康的身體是你的資產，聰明的大腦也是你的資產，誰也拿不走。它們共同幫你在未來帶來更多、更長遠的回報，創造能給你帶來源源不斷的現金流的資產。不論外界如何變化都危及不到你，這就是學習上的富人思維。

富人並不是單指財產達到了某個具體的數字（靜態），而是可以不斷的創造現金流，源源不斷的有錢進帳（動態）。和富人的定義一樣，學習的真正目的，也不是為了獲得一份高薪工作（靜態），而是為了擁有學習能力。不論外界如何變化、不論做哪種類型的工作，都能養活自己，永遠出類拔萃（動態）。

既不能抱著一勞永逸的窮人思維，又要提防通貨膨脹帶來的知識貶值，還要保證它能成為資產，帶來現金流。那到底該如何聰明的自我投資？我們必須承認：沒有一種方法是萬能的，但是我們可以借鑑前人留下的成功經驗，少走彎路。關於如何聰明的自我投資，大致可以分為三個步驟。第一步，要量化資產，列出「資產負債表」；第二步，用跨學科思維法選擇方向和方法；最後一步，要跳出舒適圈、拓展能力圈，不斷提高自身終身價值。

2
盤點個人資產負債表，換工作的必備武器

既然我們已經知曉自己就是最重要的資產，那麼第一步就從認識自己開始。這裡借用一個理財工具「資產負債表」。

每個人開始學習理財之前，都需要先了解自己的財務狀況，盤點清楚自己的資產和負債。資產負債表的原理很簡單，一學就會用。只要有效利用表格和資料，就能一目瞭然，迅速掌握資產的真實狀況。

資產負債表的常規形式如下頁圖 3-2 所示，你可以參照下頁圖 3-2 透過 Excel 表格，來建立自己目前的財務資產負債表。

資產負債表主要分為兩大部分——資產和負債。通常資產在左，負債在右。資產是指能為你賺錢的項目，像是銀行存款和其他投資等。負債就是你欠他人的錢，如貸款、信用

財務資產負債表			
資產項		負債項	
活期存款	20000	信用卡	20000
定期存款	0	外債	0
行動支付餘額	20000	房貸	0
其他投資	0	車貸	0
...	...	...	0
...	...	...	...
合計	40000	合計	20000
淨資產	20000		

圖 3-2　資產負債表的常規形式

卡等。如果有房貸和車貸，也要記在負債上面。

兩邊填完之後，可以得出兩個數字——總資產和總負債。而總資產—總負債＝淨資產，也就是真正屬於你在財務上的淨資產。

對於大學生和剛踏入職場的朋友，不建議有負債。負債不僅會帶來額外的壓力，有的負債還有利息，讓現金流不斷減少。如果資產不夠，最後的淨資產為負，那麼最好想想其他開源方法，像是做兼職或其他的變現方式（下一章我們會具體討論薪水之外的開源方法）。

那麼，這個資產負債表與學習和投資自己又有什麼關係呢？

資產項	負債項
XX 大學管理學系 GPA3.5 XX 大學會計研究所 IELTS7.5 游泳校隊 網路連載小說寫手， 小說名《XXX》 基金、證券從業證照	公司用人成本： 房租、水電、試用期薪資、 正式薪資
淨資產：正 ？ Or 負 ？	

圖 3-3　個人資產負債表

建立個人資產負債表

在我們生活中，資產可以為我們帶來收益，而負債則讓我們的錢越來越少。下面我們舉個例子來說明：對於職場新人而言，什麼是資產和負債。

我曾經收到過一份應徵我們公司的簡歷，這個簡歷很有意思，是模仿資產負債表的分析方式做的個人資產負債表（見圖3-3）。

當時這個求職者投的職位是網路行銷專員，履歷內容分為兩個部分：資產和負債。資產欄的一邊，她寫了工作經歷、學歷、擁有的技能、個人年齡及身體狀況，還有她在我們公司平臺上的課以及獲得的分數（求職時展示對這家公司產品的了解，肯定是加分項），而負債欄的一邊，她寫了工作地點的轉換成本、試用期薪酬以及正式薪資。最後末尾她寫了一句話：「敬請評估，如果我是一家公司，是否值得長投買入？」

這個年輕人對於個人資產和負債的劃分雖然不盡完善，但也相對合理。對於剛踏入職場的年輕人來說，年齡和學習經歷是個人最大的資產，而負債則應該包括缺乏工作經驗、需要投入培養的成本和人力成本等。但她這種「把自己當作資產、把薪資當作負債」的思維水準，已經超越了普通求職者，能夠站在用人單位的角度思考問題。

日本作家野口真人在《我值多少錢？》這本書中說：企業在評價一個人時，最透明、最公平的標準，就是這個人創造的現金流量。

只有當一個人賺取的利潤，超過公司制定的目標金額（KPI）時，這個人的價值才會被承認。而什麼能帶來現金流呢？答案還是資產。所以，自己擁有的能力、證書或技能，應該認真盤點，清楚了解自己的資產究竟有哪些。

很多人工作之後，個人資產就不再增長，因為他們不再透過學習進行自我增值。而對於企業員工來說，除了工作本身獲得的經驗能成為資產外，更需要自己有強烈的自我驅動力，不斷的進行拓展學習、自我增值。

只要最終資產減去負債的淨資產為正，能給企業創造現金流，那麼你就是有價值的。

也許你會認為，用這種方式看待學習有些功利，但我要強調：方法只是幫助你認識自己、提高自己的工具，其背後蘊含的道理卻是普世的，那就是我們不能停止進步。

諾貝爾獎得主巴克敏斯特・富勒（Richard Buckminster Fuller）曾說過：「如果你想教給別人一種新的思維方式，請不要直接教。相反，請給他們一個工具去用，他們將在實際操作中學會這個新的思維方式。」任何工具都是介質，掌握思維方式才是目的。

最後，我想告訴你：那個用個人資產負債表求職的女孩，現在在我們公司承擔著舉足輕重的職責。

3 查理・蒙格這樣變有錢：跨學科思維模型

盤點了自己的資產和負債之後，如何開始自我增值？雖然現在資訊快速更迭，但有些智慧卻是普世的。在這裡，我們介紹投資大師查理・蒙格的學習方法——跨學科思維模型，來幫助我們高效學習。

選擇他的思維模型有兩個原因：首先，查理・蒙格具有極強的創造財富的能力。作為巴菲特的合夥人，他們聯合創造經營的波克夏・海瑟威公司（Berkshire Hathaway Inc.），在過去的四十五年裡，斬獲有史以來最優秀的投資紀錄，股票價格從最初的十九美元，上升至八萬多美元，是全世界最貴的股票，沒有之一。他一定有可以效仿的地方。股神巴菲特的兒子曾說：「我父親只是我所見過的第二聰明人，最聰明的人是查理・蒙格。」其次，查理・蒙格的成功方法可以複製。查理・蒙格酷愛學習，他說過「只要手中有一本書，在哪裡都不算浪費時間」。他被人稱為「長了兩條腿的書」。他有一套思維模式，不僅是用於投資分析，選出最賺錢的生意，還能用於生活的其他方面，讓你擁有快樂、充實的人生。而他的這套思維模式，就是跨學科思維模型（Multidisciplinary Model）。

認識跨學科思維模型

也許你有過這樣的體驗：對於一些功課死記硬背，既花時間又花精力，但仍然記不住。在查理．蒙格看來，這是最笨的方法，甚至不能稱之為學習方法，因為它把學習切割開了。我們上學時有很多科目，如國文、數學、英語、歷史、地理、化學等，這些課程都是由不同的老師負責的，不同課程之間猶如孤島，互不關聯。

跨學科思維模型的第一條原則是：如果你只是記得一些孤立的事物，試圖把它們硬湊起來，那麼你無法真正的理解任何東西。如果這些事物不在一個理論框架中相互聯繫，就無法把它們派上用場。例如，你在工作中和同事溝通工作時遇到的問題，你覺得是屬於心理學還是管理學？或者是與溝通表達相關的文字語言學？答案是全部都有關。現實生活中的真實問題，從來沒有單一的解決工具。

而如果運用跨學科思維模型，你的思考方式就是多元的。例如對於投資理財，很多人會直接問：什麼投資品項賺錢？哪個股票賺錢？這些都是單一思考。但如果你學習查理・蒙格的思考方法，你就會知道：評估一檔股票或者投資品項能不能賺錢，需要分析很多方面。不只是財務資訊，還有它的生態系統。例如，這家投資品項背後公司的歷史、行業的歷史、管理層和員工的背景情況、外部環境和內部環境等。如此下來，才能發現別人看不到的機會。

很多職場新人會認為科系是就業的限制和門檻。在我看來，這也是單一的思維模型。當你擁有了查理・蒙格的跨學科思維模型，你就會發現：沒有白學的知識，但也沒有一勞永逸的知識。將它們聚合在一起並且內化成自己的思考框架，才能讓你越來越聰明，考慮問題越來越全面。

那麼，掌握這套跨學科思維模型前還要清楚兩個問題：第一是學什麼；二是怎麼學。

跨學科思維模型——MMP體系

查理・蒙格說：「想掌握普世智慧沒有那麼難，只要熟悉八、九十個系統，就差不多讓你擁有普世的智慧，而在這八、九十個系統裡面，非常重要的只有幾個。」

我按照自己的理解和經驗，將重要的系統總結為三個——以數學為主導的「數」

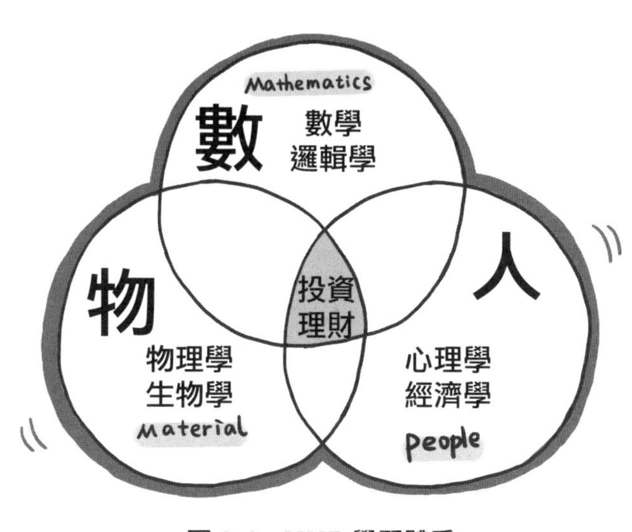

圖 3-4　MMP 學習體系

（Mathematics）的學科；以物理、生物學為主導的「物」（Material）的學科；以心理學、經濟學為主導的「人」（People）的學科。為了加深記憶，以上三種思維系統可以縮寫為 MMP 學習體系（見圖 3-4）。這個體系雖然看起來不是很嚴謹，但其中涵蓋很多學科，可以廣泛應用。同時，各學科在這三者之中並不是完全獨立的，而是互有重合和交叉（認識世界的每一門學科從來不是孤島）。投資理財，恰好融合了這三種思維模型。

1 以「數」為主導的學科：

以數為主導的學科，如數學、邏輯學等。以數學為例，在查理．蒙格看來，數學學到高一程度，就差不多已經掌握了數學能帶給你的普世智慧。首先，運用基本的數字運算，你可以處理數量問題；其次，透過指數計算，你懂得了複利的概念，知曉透過時間的累積，微小的改變也可以帶來巨大的不同；最後，你了解到機率的奧祕，知道從哪個方向下功夫。例如，如果你想脫單，就不要陷在自己朋友或者同性的小圈子裡，而是要擴大基數，嘗試接觸優質異性多的圈子，總能提高機率。

在投資理財上，機率思維尤其重要。我的先生小熊在投資時就很喜歡講機率。每次舉辦講座，他都會提到巴菲特關於俄羅斯輪盤（一支手槍，彈巢中有五顆空包彈、一顆子彈）的論述。巴菲特說過：「哪怕給我十億元，我也不會玩俄羅斯輪盤」。因為即便勝出的機率是六分之五，能贏十億元，可一旦運氣不好，遇上那六分之一，你的損失等於負無窮大——命都沒了，錢再多也沒用。其實，六分之一已經算是很高的機率了。即便是百萬分之一、千萬分之一，一旦命中，此結果也是不值得嘗試的。

機率思維還能幫你規避人性的弱點。例如，在很多人看來，股票市場簡直就是龍潭虎穴。其實，股票市場有一個說法是「七虧二平一盈」，意思是七〇%的投資者會虧錢，二〇%的投資者不虧不賺，只有一〇%的投資者會賺錢。而很多人不知道，從二〇〇五年初，上海證券交易所綜合股價指數，從一千兩百五十點上漲到二〇〇七年十月的六千點，年化收益率（按：是把當前收益率〔日收益率、週收益率、月收益率〕換算成年收益率計算，是一種理論收益率，並不是真正的已取得的收益率）六五%（見第一〇八頁圖3-5）；從二〇一一年到二〇一五年，A股的平均年化收益率是一八．四%（見下頁圖3-6）。

也就是說，從機率上看，在中國A股市場長期一定是賺錢的，這和經濟發展的規律是一致的，生產力在進步，社會財富一定會增加。但為什麼大多數人在A股都虧損呢？這是因為多數人只能看到短期波動，沒有把眼光放得長遠。如果你了解機率並且堅定的執行下去，就能贏過大多數人。

2以「物」為主導的學科：

以物為主導的學科，如物理、生物等。對於很多文科生來說，物理、生物和化學都是曾經的噩夢。我也曾面對教科書以及一道道冷冰冰的公式和題目無數次的質疑：究竟為什麼要學習物理啊？這個問題後來聯合國給出了答案。

二〇〇四年，聯合國把二〇〇五年訂定為世界物理年，並且提出物理之所以重要是因為以下三點：物理學是認識自然界的基礎；物理學是當今眾多科學技術發展的基石；物理教育為培養人的發展，提供了必要的科學基礎。

被譽為「矽谷鋼鐵俠」的特斯拉CEO伊隆．馬斯克（Elon Musk）曾說過：「用物理學的角度看待世界，一層層剝開事物表象，看到裡面的本質，再從本質一層層往上走。」

在特斯拉早期研製電動汽車的時候，曾遇到電池的高成本難題。但馬斯克並沒有按照

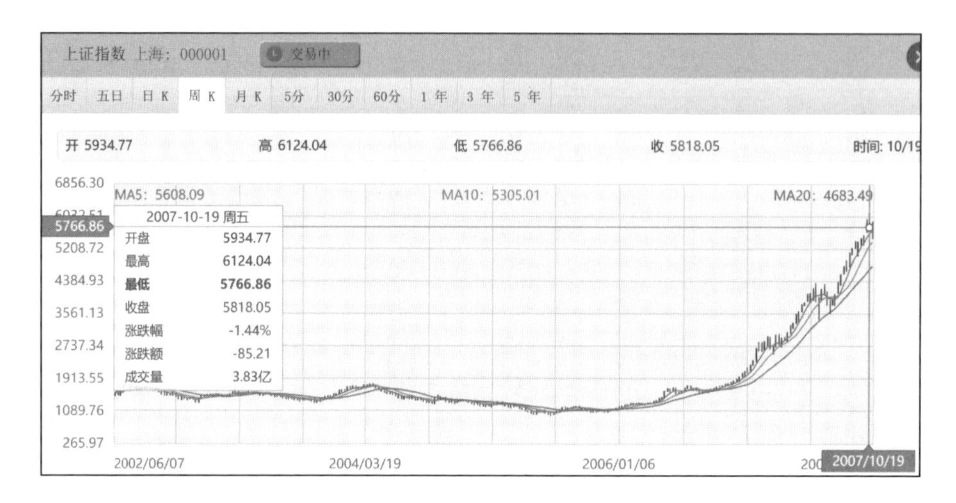

圖 3-5　2005 年初～ 2007 年 10 月，A 股平均年化收益率 65%

資料來源：騰訊財經。

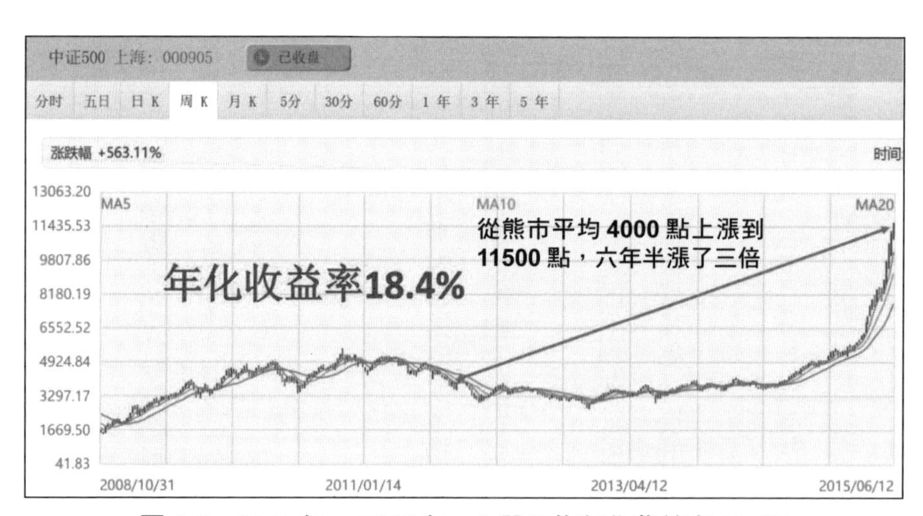

圖 3-6　2011 年～ 2015 年，A 股平均年化收益率 18.4%

資料來源：騰訊財經。

別人認為的情況接受電池的高價，而是從本質出發，研究電池都是由什麼材料組成，再推算這些原材料加在一起的價格，從而得到了電池的最低價格。最終，為電動車的商用化奠定了基礎。在他看來，物理學思維可以改變世界，能讓你發現新的事物。而新的事物往往是反直覺的，如量子力學。

查理・蒙格所認為的普世智慧中物的原理，可以用於尋求最簡單、最直接的答案。他曾提到的「臨界思維」，最初就是來源於物理的臨界條件控制。你或許還記得複利的故事，開始的收益少得可憐，但只要堅持下去，突破臨界點之後就是爆發式的增長。這就是數量變引起的質變，厚積薄發。所以認識物的本質，也是普世智慧的一環。

3 以「人」為主導的學科：

以人為主要的學科，如心理學、經濟學等。我們可能相對熟悉。人文是一個重要的研究領域。認識人、研究人，不但能讓我們更了解世界，還能更了解自己。與理科相比，文科更多是在講道。在我看來，道更貼近對一個人三觀的塑造，雖然看似虛，但有的時候反而比實更能影響一個人。

投資理財的過程，也是一個不斷與人性的弱點搏鬥的過程。驕傲、貪婪、憤怒、嫉妒和懶惰，正是我們需要正視的問題。而最好的方式，就是制定嚴格的紀律，冷靜的判斷，不為短期小利而動搖。例如，我們明明知道在機率的計算下，股票的長期投資是一定有收益的，但大多數人還是虧損而出。原因就在於，大多數人敗給了人性的弱點。從眾心理也好，損失厭惡心理也罷，外在的因素影響了原本的判斷，最終以虧損收場。在投資理財上，如果能把握好人這個大方向，就能有所收穫。

「MMP體系」小結

說完這三個領域，不知道你有沒有發現，其實它們是有重合的。例如經濟學，它既有數的內容，需要用到計算和公式；也有人的內容，如認識和分析人的各種行為等。但總體而言，擁有跨學科思維模式可以讓人的思路拓寬，看問題的角度變得更立體。例如，我管理自己的創業公司，需要用到數的思維，像是了解公司最近的盈虧狀況；需要用到人的思維，例如團隊管理，需要了解每個員工的內在狀態。有的人想要錢，有的人喜歡工作氛圍，有的人喜歡工作帶來的資源和挑戰，以及克服困難之後的成就感等。因人而異才能收穫一加一大於二的效果。

回看我的二十年經歷：做公務員，開潮店，做諮詢工作，從事NGO工作，直到現在創業，擁有三家公司，也實現了財務自由。我的這些經歷，每個看起來都是從零開始，毫無關聯，但其實正如史蒂芬．賈伯斯（Steve Jobs）在史丹佛大學（Stanford University）演講時，那句很動人的話一樣：「你現在所經歷的，將在你未來的生命中串聯起來，成為熠熠生輝的珍珠項鍊。」對我來說，我的不同經歷是珍珠，而理財思維正是把這一顆顆珍珠串聯起來的金線。這個過程中，我不斷完善自己解決問題的框架，冥冥之中和查理．蒙格的跨學科思維模型不謀而合。

跨學科思維模型的應用方法

在了解不同學科的價值之後，我們具體要如何去學習呢？查理．蒙格給了三個方法。

第一，逆向思維法——從人類犯錯導致的重大災難中，尋找規律。很多年輕朋友面對未來會迷茫，不知道自己想做什麼，而這個時候他們需要做的就是行動，去一一試錯，從知道自己「不想做什麼」開始。查理．蒙格曾說過一句經典名言：「如果我知道自己會在哪裡死去，我就永遠都不去那兒。」

在投資理財中，我們要規避那些自己不懂的、風險莫測的投資品項，只選擇自己有把握的，就離勝利不遠了。我和先生在最開始接觸投資理財時，讀過一本書叫《偉大的博弈》（*The Great Game*），印象很深。書中引用了大量的歷史案例和資料，一一盤點了過去幾百年間，資本市場裡人類犯過的經典錯誤。對比今天人們的行為，我們會發現，不論是歷史還是人性，每隔幾年都有一次輪迴，從中總結思考並做出判斷，就可以避免很多損失。

第二，刨根問柢法——從學科中的重要理論中尋找規律。查理．蒙格認為，學習任何一個領域一定要刨根問柢，弄明白它的出處在哪裡。我們都熟知牛頓的經典案例：牛頓在蘋果樹下被蘋果砸到，本著打破砂鍋問到底的探索精神，最終發現了萬有引力。雖然這類事件距離我們生活太遠，或多或少讓我們有些免疫，但人類科學的進步和刨根問抵的精神是分不開的。

同樣的，如果今天發生了某個社會重大事件，你也可以進一步問自己：這是為什麼？多問一句，多想一步，可以訓練自己的獨立思考能力，從而讓思想發揮更大價值。而在職場中，也通用一樣的道理。

在我們公司中，每個季度都會有員工考績，我們會把員工分成A類、B類和C類。這種評級不單單是基於對眼前公司的貢獻，還有對公司價值的理解。

我在公司大會上曾分別舉過三類員工的例子：C類員工，通常是老闆或者上級給他們吩咐什麼工作，他們就去做，什麼都不問，最後做出的結果往往和上級要求的不一樣（因為缺少溝通），白白浪費了人力資源和時間成本。B類員工，通常的表現是上級要求做一件事，他們做了一些，又跑來問上級，然後又繼續做，接著又跑來問，反反覆覆溝通幾次才能把事情做好。

那什麼樣的員工才是A類呢？他們不是為了做事而做事，每次上級交代一個任務，他們會反問：為什麼要做這個？目標是什麼？這個任務在整個公司中的影響有多大？有沒有什麼規律，或是過往的經驗教訓可以參考？甚至如果他覺得這個項目不可行，反而會勸阻老闆，為公司省去一大筆成本。

作為一名員工，如果只是聽話幹活的機器，永遠比不上電腦或者人工智慧的低錯誤率和低營運成本。而如果能發揮主動性，追根究柢，不僅能帶來更多的效益，還能發現老闆看不到的盲點和誤區，這才能夠在團隊中創造價值，脫穎而出。

第三，榜樣力量法——從頂尖人物的經驗中尋找規律。我們學習投資理財，為什麼總是要提股神巴菲特？為什麼要去讀經典書籍？為什麼要了解世界各個投資大師背後的故事？其實這都是站在巨人的肩膀上，吸取前人的經驗和教訓，讓我們自己能少走一些彎路。與此同時，閱讀被時間和無數人驗證有效的經典理論，更有助於培養我們的系統思維和價值挖掘能力。

很多年輕人不知道自己想做什麼、不知道自己對什麼感興趣，不妨試試榜樣力量法，找到一個領域的目標人物，然後一點點靠近。可以簡單分三步走：一是找到領域；二是找到目標人物；三是效仿目標人物。

我認識一個從事金融行業的女生，她從進入大學開始就立下決心：要進入投資銀行工作。首先，她確定了自己的領域——投資銀行；然後，她諮詢過往被摩根史坦利（Morgan Stanley）、高盛集團公司（The Goldman Sachs Group）以及其他投資銀行公司錄取的學長和學姐，向他們了解相關的成績要求、面試經驗以及他們大學四年是怎麼度過的，包括他們之前上大學看什麼書、日程表如何安排，都一一了解，然後再對照自己的大學規畫，進行模仿、近乎完全複製。

這種方法雖然笨，但不得不說，是一個非常有效的辦法。最後，這個女生在模仿的過程中發現了機會，最後也如願進入了投資銀行工作。

名人或身邊的朋友，都是我們可以參考學習的對象。向著榜樣努力，會更有目標感。

4 在能力圈內行動，在舒適圈外學習

最近幾年大家對於舒適圈的概念都比較熟悉了，它源於「舒適區」的概念，是由美國心理學家諾爾·提奇（Noel Tichy）提出的。提奇將學習和改變分為三個區域：舒適區、學習區和恐慌區（見下頁圖3-7）。

對一個人來說，如果一直學習對自己沒有難度的知識，或者經常做得心應手的事情，久而久之就很容易停止成長，這就是處於舒適區的狀態。

而最理想的狀態是處於學習區，學習具有適當挑戰性的內容，略有壓力，讓自己的精力和行為達到最佳狀態。一段時間後，學習區便會慢慢變為舒適區，人也隨之成長。隨著舒適區的不斷增大，一部分因超出自己能力範圍過多而引起心理不適的恐慌區，也會慢慢變成學習區。如此反覆，你的能力就會越來越強，你的價值也就越來越高。

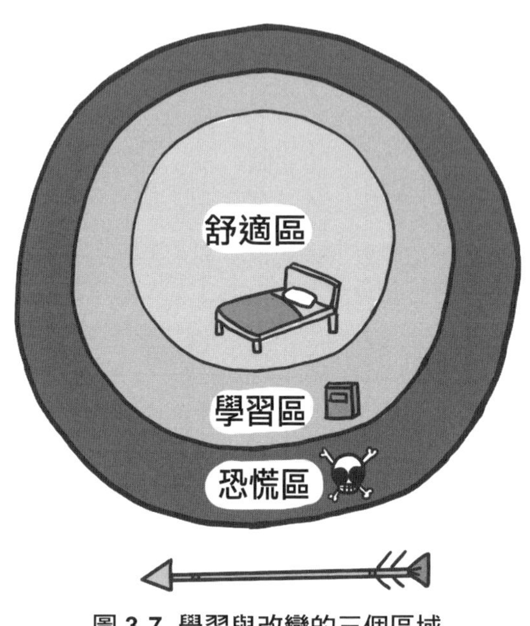

圖 3-7 學習與改變的三個區域

認識能力圈

巴菲特曾說過，自己的成功之道是在能力圈內行動，在舒適圈外學習。所謂能力圈，就是一個人透過不懈的努力和學習，建立起來的真實能力範圍。

我認識一個長輩，她在十年前開始購買房產進行投資。她的投資理念非常簡單、有效：只買住家社區附近的房子。因為她熟悉周邊的環境，也熟悉這周邊的房價水準和房型。而且，因為一直在附近看房子，有很多人賣房時會繞開仲介，直接來問她。由於對投資物件非常熟悉和了解，一套房子可以賣多少錢，她看過一次之後就大致清楚了。

她幫其他人賣房認識了很多朋友，

並以此為契機，擴展了自己的新業務——租房。由於她已經在附近買了七、八套房產，裝修和維護都有熟悉的工程行，所以她出租的房子價格會相對便宜。面對房客，她可以給出七、八種不同的選擇。她的房客基本上都是熟人介紹，空屋率也比較低。

在職場上，如果熟知自己的能力圈，即便遇到超出能力圈的事情，也會迎刃而解。

曉敏是一位行銷總監，個人能力和管理能力都很強，但是她有一個弱點：對數字永遠不敏感，經常在計算上出錯。她也意識到這點並且告訴我，她上大學填科系時，就看哪個科系不用學數學，後來選了法語系，從此開始了她的自由人生。不論是做商務推廣還是做品牌，只要能找到專業的人去做預算，其餘她都能做得有聲有色。

所以，你不必十項全能，只要認識自己的能力圈邊界並且不斷深耕，一定會發揮自己的價值。

事實上，跨科學思維教會我們學習更多的核心知識，但這並不意味著你可以無限的跨學科，各領域的知識都去學，而是**要和能力圈結合起來，找到自己最擅長的區域**。例如巴菲特，他投資從來不碰互聯網科技股，他坦言，因為自己不懂。

他篩選投資物件的方法是：圍繞你能夠真正了解的企業畫一個圈，然後再衡量這些企業的價值高低、管理優劣以及可能出現的風險大小，最後排除那些不合格的企業。而對於能力圈以外的公司，無論別人怎麼看好都不予理會，哪怕錯過再多的賺錢機會也不後悔。

跳出舒適圈，堅守能力圈

了解了舒適圈和能力圈的區別之後，該如何去做呢？一定要記住這一點：實踐。巴菲特的能力圈是經過長期實踐得出來的，要想找到自己的能力圈，就要去嘗試。學以致用時，就會明白自己是身在舒適圈還是能力圈。

我在讀ＭＢＡ的兩年中，最有學習動力和成效的階段，是我在讀書時開始嘗試創業的日子。到了真正行動的時候，才發現書上那些倒背如流的公司戰略、行銷規畫大部分都是紙上談兵，根本無法為我所用。而我遇到的問題，例如怎麼說服客戶簽單、怎麼說服有經驗的培訓師以低價來上課、怎麼做行銷和推廣、怎麼找到目標客戶，這些教授統統都沒有教過。這些問題到底屬於舒適圈內還是能力圈，只有透過自身實踐，邊做邊學，才能發掘自己的邊界。

所以，即便你對自己大學的科系不感興趣，即便心儀的行業和自己所學並不一致，這些都不是問題。你要做的就是不斷實踐，找出自己擅長的部分，並把這個部分圈起來，成為你能力圈的組成部分。然後再對這個部分傾心研究，成為佼佼者。把自己當作資產經營，便會擁有越來越高的價值，為你帶來終身現金流。

不給自己的人生設限

其實對於這一章，我最開始想跟讀者朋友們聊聊自己的大學志願。例如填志願選什麼樣的科系最有前途、或者「錢」途？如果科系選錯了怎麼辦？科系自己不喜歡怎麼辦？但我後來發現，聚焦在大學科系本身就狹隘了，因為學習這件事遠遠不只讀大學，就讀的科系也不足以決定你的事業方向和人生。

我們公司在二〇一八年完成四億兩千萬元的A輪融資（按：若剛起步的小公司或團隊資金不足想對外融資，一般順序為天使投資→A輪融資→B輪融資→C輪融資等），記得當時投資人和我們溝通的過程中，有一點對我們很認可，他們說：「你們公司很多重要職務的員工，都不是專業科班出身，這一點很好。」一個國家經濟是不是發達、社會是否繁榮，就是看階層有沒有自由流動的可能，而一個企業是不是有朝氣和未來，就看能不能挖掘出人才的潛質，不拘一格的使用人才。

企業的朝氣和未來是我們自己要努力去爭取的，但是用人上的不拘一格，我們確實做到了：我們負責營運的同事，學的是火車相關專業；負責內容的同事，學的是飛機製造；負責業務的同事，學的是外語；負責行銷的同事，學的是電腦軟體工程；而他們的老闆我，學的是紡織……對於我們每個人來說，學到的知識從來不是限制，真正限制我們的是學習能力和學習意願。世界在變化，每天都有新的知識，每天都需要我們去給自己歸零，然後重新出發。

在我看來，一個人最寶貴的品質就在於：不會自我設限，總是勇於學習、勇於嘗試、勇於改變。世間沒有一勞永逸的事，成為富人不是一個終點，而是一項能力，一項可以不斷讓自己創造現金流的能力。學習和投資一樣，需要你保持這項能力並且把自己活成資產，這樣無論你是什麼科系，都是無價的。

第4章

你的死薪水正在拖垮你，你需要高價值開源法

1 賺錢有三法：加法、乘法、指數

這兩年開始流行一句話「你的死薪水正在拖垮你」。原本被工作和生活壓迫得脆弱不堪的人們，變得更加焦慮。於是有的人開始寫作、經營社群媒體開源……做個全能的「斜槓青年」，似乎每天讓自己忙得不可開交也是一件驕傲的事。如果你也認可「開源」的必要性，那麼我想問你一個問題：你覺得，開源花去的時間需要賺回多少錢才值回票價？

可能你會想問：「水湄，妳這麼說是什麼意思？開源除了積累經驗，不就是為了賺錢嘛！值不值得，當然看薪水高不高了！每月賺一萬元和每月賺兩萬元相比，肯定是後者更值得！」

開源三種方式：加法、乘法、指數

一份月薪一萬元的工作，做兩個月賺兩萬元，這沒錯吧？做的時間長薪水就多，做的

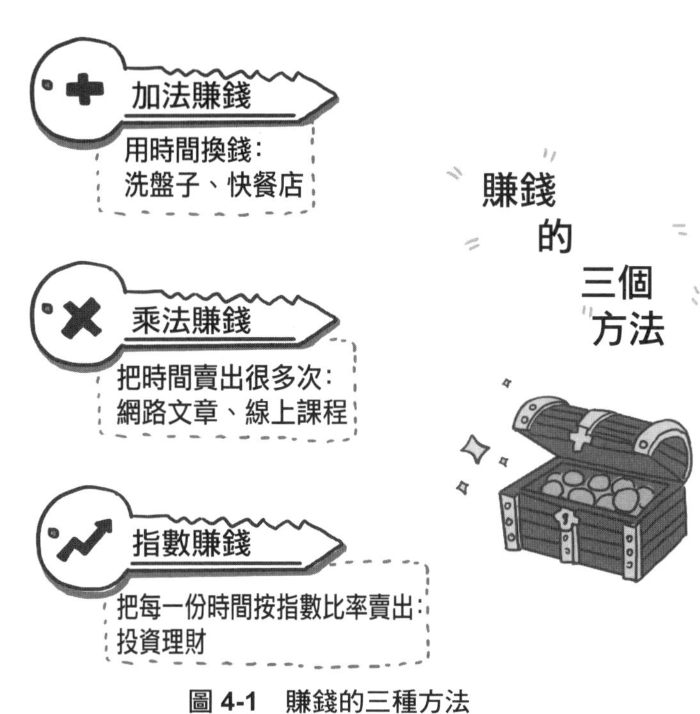

圖 4-1　賺錢的三種方法

時間短薪水就少，這本質上是用加法在賺錢，賺得越多就越辛苦。但其實，你還可以用乘法和指數來賺錢，這樣賺到的錢才會越來越多，且讓你更加輕鬆。

按照時間價值來區分，賺錢有三種方法（見圖 4-1）。

（1）加法：賣出一份時間。

（2）乘法：將每一份時間賣出更多次。

（3）指數：將自己的每一份時間按比率賣出。然而到了這時，收入是沒有天花板的。

在考慮如何賺更多的錢這件事情時，一定要把時間這個概念考慮進去。時間是公平的，每個人都只有二十四小時，每個人如何利用它，決定了他們的時間價值。接下來，我們將逐一來分析這三種賺錢方法。

1 加法賺錢法：時間價值計算。

所謂加法賺錢法，即零售你的時間，一分耕耘一分收穫。這是大多數人常用的開源方式，也是很多打工族的賺錢方式。加法賺錢法主要分為兩種：一種是月薪型，一般出現在正規公司或者工廠裡，次月發放一整個月的薪水，薪水金額視工作難度和對公司的貢獻度而定。另一種是時薪型，最常見的是麥當勞和肯德基兼職，平均時薪約為一百六十元；偶爾也有像超市收銀、週末兼職等按日來計算薪水的工作，一般在一千兩百元到一千五百元不等。

那麼，如何判斷加法的工作是不是值得呢？例如，有一個大學生馬上要放暑假了，現在有三份工作擺在她面前：一份是超市收銀員的工作，按小時計薪，時薪是一百六十元；一份是漫畫展服務人員的工作，按日計薪，日薪是一千兩百元，每日工作八小時；還有一份是某公司的打雜實習生，按月計薪，月薪兩萬三千元，但每日工作八到十小時不定，週末時不時要加班四、五小時。

如果不考慮工作內容，只看收入，哪份工作的薪水最高？粗略一看，感覺好像是超市收銀員薪水少得可憐；漫畫展服務人員一天就有一千兩百元，還算可以；在公司打雜的實習生，雖然一個月能領兩萬三千元，但是加那麼多班，不知道值不值得？

不用糾結，我們用時間價值計算公式，統一計算時薪，就能一目瞭然。這個公式為：

I＝P×Q；

I：收入，單位是元；

P：價格（時薪），單位為元／小時；

Q：數量（小時數），單位為小時。

要想提高收入I，要麼提高時薪P，要麼提高數量Q。下面我們用這個公式來計算這三份工作的時薪。

第一份工作，超市收銀員，時薪一百六十元，即P為一百六十元。

第二份工作，漫畫展服務人員日薪一千兩百元（I），工作八小時（Q），時薪為一百五十元（P＝I÷Q＝1200÷8＝150）。

第三份工作，打雜實習生月薪兩萬三千元（I），每月二十二個工作日，平均每天九小時，共一百九十八小時，週末算四個小時，共十六小時，加在一起每月工作兩百一十四小時（Q），時薪為一百零七元（P＝I÷Q＝23000÷214＝107）。

算下來，如果只以錢來衡量一份工作的價值，不管是頂著大太陽去當漫畫展的服務員，還是在光鮮亮麗的辦公大樓裡端茶倒水，都沒有一個超市收銀員的薪水來得高。當然，如果你對漫畫二次元感興趣，想近距離接觸喜歡的人物，或者是想在辦公室接觸不同的人，積累相關職場經驗，那麼除了錢之外，這些兼職還能帶來額外的價值，但這不在我們目前的計算範圍之內。

雖然我們可以用時間價值計算法統一計算時薪，但無論是領時薪、月薪還是年薪，其工作本質都是在零售自己的時間，也就是做加法。用加法賺錢，很多人視為理所當然。但你要知道，時間是有限的，人的精力也是有限的，至少人不可能每天工作二十四小時。美國賓夕法尼亞大學（University of Pennsylvania）神經系統學家大衛・丁格斯（David Dinges）發現，隨著時間推移，人們的反應會越來越遲鈍，大腦某些部位的活動也會慢慢減少。對於大部分人來說，注意力最多能集中十二小時，時間越長，注意力下降得越快。

而用加法賺來的薪水本身也有天花板，一旦停止工作，就會失去收入。很多人在職場工作十幾年後才發現這一問題：如果薪水達到了一定高度，就很難再往上一個臺階，一旦停下工作，就將一無所有。這是加法賺錢法的最大缺陷。

2乘法賺錢法：時間價值乘以倍數。

講完加法，我們再來看看乘法賺錢法。乘法賺錢法就是把單份時間賣出很多次，透過一次勞動領許多份薪水。

例如，微信公眾號的出現捧紅了一眾網紅，其賴以生存的根源是內容產出。通常公眾號的變現方式是：優質內容吸引讀者、擁有流量、接廣告、流量變現。通常比較知名的網紅一篇文章，其廣告費可達到幾十萬元；一篇點閱率十萬的普通公眾號文章，廣告收費也在三十萬元以上；一篇點閱率只有一千左右的公眾號文章，廣告收費則只有幾千元。不同的公眾號，廣告費差距高達數百倍。但是對於經營公眾號的人來說，他們寫一篇文章，只花「一份」時間，文章推送出去，這一份工作也就基本完成了。當然，推送之後的點閱率也千差萬別：網紅們則相當於給自己的時間加上了槓杆，可以讓更多的人看到。這意味著將自己的寫作時間賣出更多次。

這裡我們也可以用公式I＝P×Q來計算。只不過，這次P代表的是單位價值，Q是某一時間內所賣出的份數。互聯網時代的很多兼職開源法都是透過這種方式實現的。例如我曾在很多平臺開設理財課程，假設每一份課程單價五百元，我只需要完成一次課程製作——課程內容設計、PPT製作、錄音，就完成了工作，之後的管道和廣告宣傳，讓Q不斷提高。如果課程賣出一千份，總收入就是五十萬元；如果課程賣出一萬份，那總收入就是五百萬元。

這種賺錢方式的優勢顯而易見，效率大大提高，不用一直處在工作狀態就能有被動收入。但其要求也很明確，需要具備一定的資源和技能，否則買單的人就很有限。

想透過這種方式賺錢開源，你不妨先梳理自己的特長和優勢（詳見第三章），然後發布在平臺上做一些嘗試。

例如我們公司負責設計的同事，經常在創客貼、WPS（模板、素材網站）等平臺上製作簡報相關的範本，然後給出一定的價格，只要有人下載就有收入進帳。一般單份範本的購買價格為二十到五十元，這樣每年會有額外的幾千元的收入。最重要的是，這樣的收入不需要她再花時間進辦公室，不需要她付出額外的精力。這樣賺錢，比朝九晚五打卡上班要輕鬆很多。

可問題是，如果沒有技能或者資源可以變現，怎麼辦？我想，大多數朋友的終極目標或許和我當初相似，即不被金錢所累。那讓錢為我們工作又要如何做到？這就需要我們了解第三種賺錢方式——指數賺錢法，將我們的每一份時間按比率賣出。

3 指數賺錢法：時間價值的指數倍。

什麼叫指數賺錢法？我們在數學課上學過，指數是冪運算 a^n（$a\neq0$）中的一個參數，a

為底數，n 為指數，冪運算表示指數個底數相乘。指數賺錢法的收入公式是：$I = P^q$，即最終的收入等於 q 個 P 連乘。

這個公式是不是有些熟悉？沒錯，這就是投資理財常用的複利公式。當我們的投資能力達到一定程度，假設投資的股票或基金的平均年化收益率提高到一〇%左右，那麼一萬元本金，一年就能賺一千元。這看上去似乎沒有很多，但如果是一百萬元，一年就能賺十萬元，已經是筆不小的數字了。

在這種運算下，你的時間價值不再是一個固定值，而是隨著本金、收益率和投資時間的增加而不斷增加，$I = P(1+x)^q$，最終達到財富的暴增。

I：收入，單位是元。

P：本金，單位是元。

x：收益率。

q：冪次方。

當然，投資市場中，年化一〇%、二〇%的收益率，需要具備一定的投資知識和技巧才能達到，否則很容易受到損失。

巴菲特的賺錢路徑：先做加法和乘法，再收穫指數爆炸

到這裡，你已經知曉了三種賺錢方法，你可能會說：我既沒有資源和技能去把時間賣出多份，也沒有第一桶金去用指數賺錢法賺錢，怎樣才能讓時間價值發揮得更大呢？這裡，我們不妨學學股神巴菲特的賺錢路徑，先用加法，再嘗試乘法，最後收穫指數爆炸。

股神巴菲特小時候也打過工，他九歲之前已經做過五份工作。在六歲時，他就開始挨家挨戶的兜售口香糖，每包口香糖賺兩美分；不久之後，他開始逐家逐戶賣可口可樂，汽水比口香糖賺得多，每賣六瓶汽水，他能掙五美分；後來他發現賣報紙更賺錢，於是開始一家家販賣報紙，順便賣口香糖；再之後，他發現理髮店的彈珠臺賺錢，於是他開始大批低價買入壞掉的彈珠臺，稍微修理一下，並且僱用理髮店小哥幫他打理，他不用再親力親為便可以賺錢。

巴菲特十一歲的時候，買入人生第一檔股票「城市服務」公司（Cities Services）。那一年，他靠著各種打工存下來的錢已經有一百二十美元。一九四二年的一百二十美元，差不多相當於現在的十二萬元。雖然因為一些原因，他這次只是小賺了一筆便退出了，但他卻發現自己對投資發自內心的熱愛。

後來，巴菲特進入哥倫比亞商學院（Columbia University Graduate School of Business），

拜師於班傑明．葛拉漢，學到了豐富的價值投資理論。二十六歲那年，巴菲特已經賺到了十七萬四千美元。

其後，他便在「指數」賺錢的世界裡滾雪球。到他三十九歲的時候，資產已經達到了兩千五百萬美元。六十歲之後，資產順利從十億美元滾到了百億美元；二十年後，巴菲特的資產達到了六百多億美元，成為世界首富。

首先，巴菲特前期主要做加法，用時間來換錢；其次，他學會了僱用別人，買別人的時間幫自己賺錢，即乘法賺錢法；後來，他不斷強化自己的投資能力，嘗試股票和基金，不到三十歲便收穫了指數賺錢法帶來的財富回饋。

對於剛進入職場的新人或者還在上大學的朋友們來說，要想實現時間價值最大化，可以先以加法賺錢法為主，不斷投資自己，提高單位時間價值，積累更多的本金；同時嘗試開拓乘法賺錢法，挖掘自身潛質和賺錢技能；最重要的是，一定要開始嘗試指數賺錢法，學習基本的投資理財原理（第六章我們會重點講解），哪怕開始只是存銀行、買國債、存貨幣基金，也能在未來發揮威力，好過現在不知不覺的揮霍一空。

從正視金錢的角度了解三種賺錢法之後，可能你仍然會覺得有些抽象，不知道該如何選擇。那麼下面我們將透過「三步走」分析法來找到適合自己的開源組合。

2 開源三步走，經驗和賺錢兼顧

「三步走」方法分別是：第一，確定清晰的開源目標；第二，找到適合自己的開源路徑；第三，警惕開源「陷阱」，達成目標。首先，我們先來探索開源是為了什麼。

開源的三種目標

我曾收到一位大二學生的私訊。她告訴我她多年的經驗總結：兼職或者開源並不能積累工作經驗。對於許多企業來說，大學生只是一批廉價勞動力，根本沒有價值。原來，她在大二時已經做過許多兼職，例如發宣傳單、在兒童樂園當安全員。

她說：「兼職會讓你覺得自己很廉價，我寒窗苦讀十二年，卻在做不需要讀書就可以做的發傳單工作。」她希望自己可以像偶像劇裡一樣，每天踩著高跟鞋，出入繁華的辦公大樓，點一杯咖啡，悠閒的坐在辦公室裡處理文件。而現在她卻做著發傳單的工作，毫無價值感。為了偷懶，她會把兩張傳單夾在一起發，把傳單放在停在路邊的車上，甚至會把傳單放進包裡，找個麥當勞坐一下午。長期下來，她越來越討厭這份兼職，便放棄了。

其實透過時薪計算，發傳單未必比坐辦公室的薪水低，但除了薪水，還有工作環境、工作條件，以及工作給你帶來的價值感需要考慮。所以在我看來，兼職的開源方式並不是不能積累工作經驗，而是因為她沒有弄清兼職的目的。若想找到適合自己的開源方法，就要從明確目的開始。然而開源的目的不外乎三種：一是積累經驗；二是純粹賺錢；三是經驗和賺錢都兼顧。

以積累經驗為目標的開源

以積累經驗的開源方式，和我們前面分析的「加法賺錢法」是一個道理，最終的目的是為了積累經驗和技能，在未來可以變現。這時，你需要先把「錢」的問題放一邊，集中思考這樣是否能獲得你想要的東西。

很多人認為銀行是一個好去處，但是畢業生進入銀行工作，即便是以儲備幹部的身分入職，大都也是從銀行櫃員開始做起。一個櫃員從新人到熟練的時間，最多只有三個月。三個月之後，不過是反覆重複而已。所以對於銀行櫃員而言，不論是三個月的工作經驗，還是五年的工作經驗，都一樣。

換句話說，櫃員就這樣成為一個機器，所創造的價值和一臺ATM的價值沒有太大區別。但是，像業務經理這樣的職位，一開始薪水會比較低，沒有櫃員穩定，而且是按照業績獲得抽成收入。不過在這個過程中，每天需要和不同的人或公司打交道，經常會遇到新的挑戰，成長也會越來越快。到後面，一個業務經理的薪資可以是櫃員的兩、三倍，這就是經驗的價值。

從上述對比可以看出，以積累經驗為目標的開源，個體的時間價值＝未來期望價值。

以純粹賺錢為目的的開源

談及單純以賺錢為目標的開源，可能你會本能的認為：這個還不簡單？之前已經計算過時間價值了，直接選擇時薪最高的工作就可以了。其實遠沒有這麼簡單，因為除了收入，你還需要計算你的時間成本。

我們先來做個假設，假如你月入十萬元，一個月三十天，一天二十四小時，平均每小時的收入約一百四十元。若你需要用一個小時來洗衣服，你會選擇自己動手洗還是送到一百元的乾洗店洗？顯而易見，應該選擇後者。因為你洗一件衣服的成本是一百四十元，騰出這一個小時用來工作，賺取一百四十元，支付了乾洗店的費用後，你還賺了四十元。

對於大學生來說，上學所付出的學費和生活費是最大的成本。

假設一名大學生每學期的大學學費和生活費加起來是十萬元，那麼算下來，每小時成本約為二十八元。這並不高，相對而言，她去超市打工的時薪一百六十元大於成本二十八元，這就是賺的。但如果她在國外讀書，每學期費用是一百萬元，每小時的成本約兩百八十元，這時再去做時薪一百六十元的兼職就是不划算的。

所以在純粹賺錢的目標下，個人的時間價值＝時薪。

當然，只用學費和生活費去衡量成本似乎有點不嚴謹，畢竟知識是無價的。再說，就算每個小時成本只有二十八元，你也可能會覺得：哪怕是和朋友吃喝玩樂收穫的快樂，也要比去超市當收銀員賺一百六十元有意思多了！開源賺錢，難道只是為了錢？當然不是！經驗和金錢兩樣都要有，才兩全其美。

經驗和金錢雙收的開源

在經驗和金錢雙收的開源模式下，個人的時間價值是經驗和時薪的結合，即時間價值＝時薪（當前收入）＋經驗（未來期望收入）。

假如一個大學生未來的職業規畫是成為一名教師。他在業餘時間找一份家教的兼職，時薪是三百元，那麼這份時間除了時薪，還擁有成長價值。假設這份兼職經驗可以讓他在以後的教師生涯中，以高於普通人五千元的薪水被錄用，從時間的價值角度來看，這兼職的一個小時，既得到了三百元的薪水收入，還收穫了價值五千元的社會經驗。

前面諮詢我的那位大二學生，就是因為沒有找到自己最想要的目標，而陷入以時間換錢的兼職困境，最後不但錢賺得不多，又沒有累積到相關經驗。

以上三種目標都分析過了，顯而易見，第三種既能收穫經驗又能得到金錢的開源方式才是最優的選擇。那麼，如何發現或者開拓這樣的機會？下面我們就開始第二步——找到適合自己的開源路徑。

3 哈佛博士研發 MPS 開源法，找到最適合你的開源路徑

如何找到適合自己的開源方法？《小狗錢錢與我的圓夢大作戰》這本書裡有一個案例可謂深入淺出，直接道出本質。

小狗錢錢給女主人公吉婭講了一個真實的故事：一個名叫達瑞的八歲小男孩如何在十七歲時就成了百萬富翁。小男孩和很多人一樣，家境平平，但是他有很多玩具想要買，很多遊樂場想要去，所以他特別想賺錢。雖然第一次的嘗試賺錢並沒有成功，卻讓他認識了一位有錢的商人。商人看著眼前的小男孩，給了他兩個重要的建議：「第一個建議是，嘗試為別人解決一個難題，你就能賺到許多錢。第二個建議是，把精力集中在你知道的、你會的和你擁有的東西上，你真正感興趣的地方。」

達瑞聽完後，開始思考和觀察，他希望能發現別人的需要，進而變成自己的財富。終

於皇天不負有心人，他發現住在獨門獨棟小別墅裡的人，冬天大都不願意走到寒冷的大門去取當日的報紙。於是他想出了一個主意——每天幫鄰居把報紙送到家門口，收取一點費用，很多鄰居都答應了。

達瑞認真負責，沒有偷懶過一天，隨著生意越來越好，他還幫鄰居倒垃圾、餵寵物等，忙不過來的時候還僱別人幫忙。他逐漸發現自己口袋裡的錢越來越多，小夥伴也越來越多，自己不用親自上陣，只需要尋找資源再把任務分配給小夥伴，自己的財富就能不斷增加，這不就是一個創業公司的雛型嗎？於是，他把這些內容都記錄下來並且出版了一本書，然後又參與電視節目。透過廣告和電視節目，他立刻獲得了知名度，於是更多的人願意聯繫他，變成他的客戶。在十七歲的時候，他成為真正意義上的百萬富翁。

調研市場需求

能不能賺錢的核心就在於——將自己能做的和市場的需求相結合，並且精準找到客戶，集中發力。很多朋友都有一個創業夢想，但是夢想的實現要以市場需求為前提。例如，某個朋友想開淘寶店，我會建議他先分析淘寶顧客的需求。

首先，確定目標群眾。根據雙十一（按：指每年十一月十一日電商的大型促銷活動）

歷年資料來看：雙十一當天女性消費占比近七成，其中二十五到三十九歲用戶是中堅力量。女性族群占比六九％，是男性族群（三一％）的兩倍多；從年齡段分布看，二十五到三十九歲族群占比超過三分之一，達到三五％，三十到三十四歲族群占比一八％，三十五到三十九歲族群則占比一七％。所以從這個資料來看，主打女性群體會更容易一些。當然，男性的小眾市場也並不意味著沒有商機，但是女性市場在機率上看來，更容易取得成功。

其次，確定產品品項。雙十一當天的銷售資料顯示：紙尿褲、濕紙巾、孕婦褲、哺乳內衣和奶瓶位居前五。

最後，針對這個市場，再看看自己能接觸到什麼樣的貨源，或者對挑選什麼商品特別有心得，這樣就能把自身資源和市場需求相結合了。

當然，真實的市場調研比這個要複雜得多。舉這個例子是想讓大家明白，只有將自身資源與市場需求結合起來，反覆詢問自己「我能做什麼」、「我會做什麼」和「我做過什麼」，只有想明白這些，再找到自己的興趣和優勢，透過努力，才能把夢想變成現實。

MPS開源法

如果你暫時想不到自己有什麼興趣和特長或者想做的事，可以借助 MPS 法幫助自己找到開源的契機。

MPS分析工具是由哈佛大學心理學碩士、哲學和組織行為學博士塔爾·班夏哈（Tal Ben-Shahar）提出的。三個字母分別對應的就是價值（Meaning）、快樂（Pleasure）和優勢（Strengths），用這個分析工具可以幫你選出這三方面的交集。

首先，分別寫出以下三方面對應的答案或關鍵字。

M：讓你覺得有意義的事。

P：做了會讓你快樂的事。

S：你擅長的事情（如果自己也不確定，可以聽聽親友或同事的意見。）

然後，找出這三方面的交集。在左頁圖4-2中，三者重疊的部分，就是你要找的答案。

最後，記下答案，立下目標，並且做個實施計畫。計畫越詳細、目標越清晰越好，然後一步步的去實現。

下面我們以小S的經歷為例，來看一看如何用MPS開源法找到既能賺錢，又是自己喜歡且擅長的工作。

小S是一名中文系的大學生。她想在課餘做一份兼職，能賺錢並且最好還能提前發現未

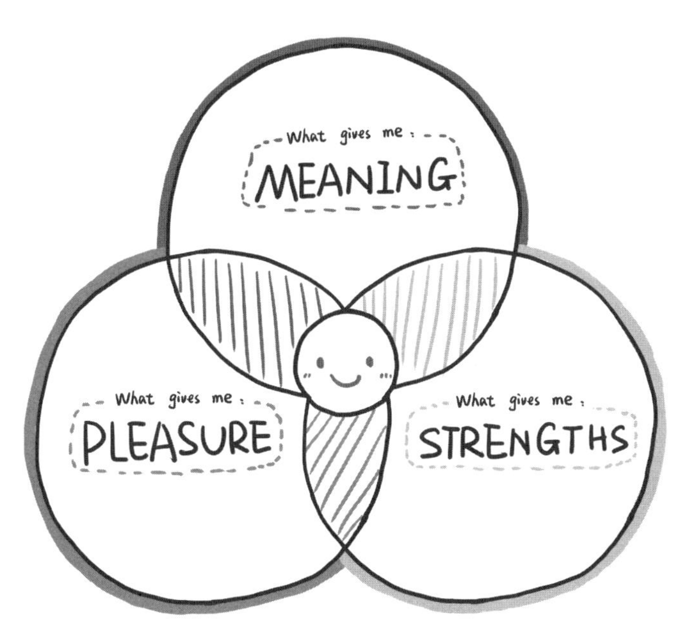

圖 4-2　MPS 開源法

來喜歡的工作。於是，她用 MPS 給自己做了一個分析。

第一步：分別列出 MPS 對應的關鍵字（見第一四三頁圖 4-3）。

M：有意義的事——寫作、旅行、解決問題；

P：讓自己快樂的事——旅行、美食、賺錢；

S：自己擅長的事情——解決問題、寫作、旅行。

第二步：找出 MPS 三方面的交集（見第一四三頁圖 4-4）。

交集找到了，她的答案是旅行，再結合她的擅長，即寫作和解決問題。此時可以根據這三個關鍵字上網進行搜索，會發現旅遊網站兼職編輯、兼職旅遊方案策劃師、遊記自由撰稿等都是適合她的開源方式。

第三步：有了這個目標定位，接下來就可以按照SMART目標法，制定相應的短、中、長期目標規畫。

①今天下午，給旅遊網站的兼職職位投履歷。如果順利應聘，利用兼職資源多學習。

②兩個月後開始建立自己的公眾號，計畫每個月至少兩篇旅遊路線規畫文章。

③六月和九月各安排一次旅遊。

④一年後能夠獲得廣告合作。

以上就是小S應用MPS開源法的探索過程，有了明確的目標和路徑，踏踏實實的去實踐，就會一步步靠近自己的夢想。

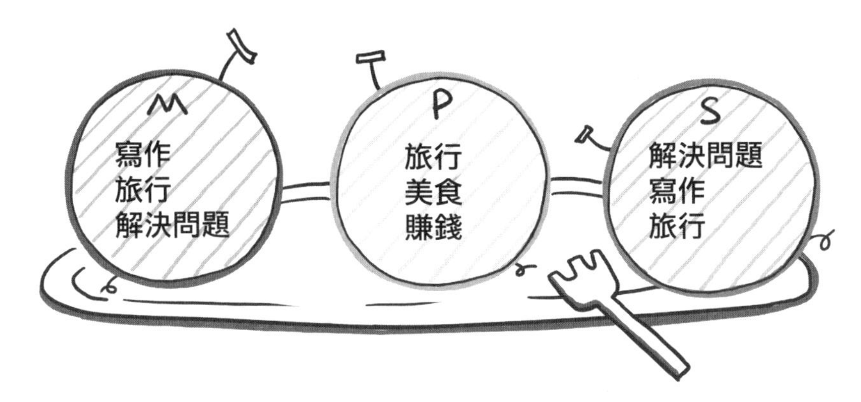

圖 4-3　小 S 的 MPS 關鍵字

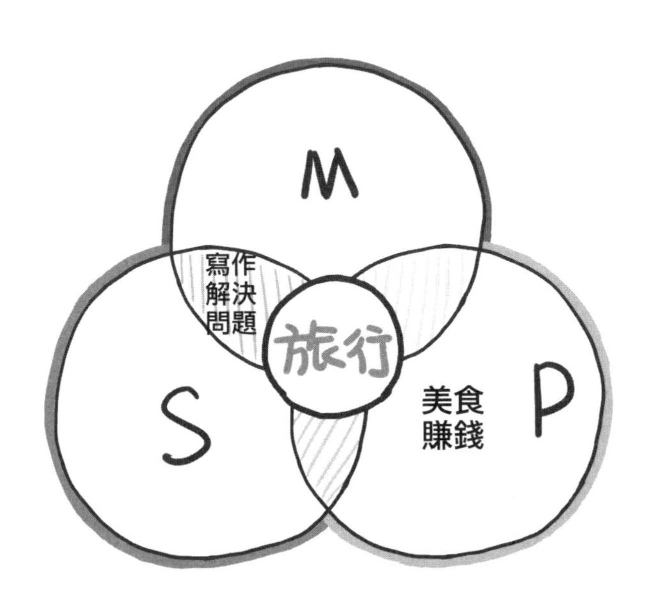

圖 4-4　小 S 的 MPS 交集

4 常見三大開源陷阱，斜槓青年是其一

近兩年，「開源」、「兼職」、「斜槓」等字眼頻繁出現在生活周遭，彷彿每個人都在琢磨著如何在本職工作之外賺取更多收入。這初衷本身是好的，但也很容易陷入兼職開源的「陷阱」。為了開源而開源，本末倒置，最後非但沒有賺錢，還錯過了真正自我增值的機會。下面總結了三個常見的開源陷阱，不妨看看自己有沒有中招。

陷阱一：辦信用卡

作為一種銀行服務，信用卡本身沒有好壞之分，關鍵就在於如何使用。不過，對於年輕的朋友，尤其是學生，我不鼓勵他們辦信用卡。原因有三：

第一，信用卡本身建立在「信用」兩字上，什麼是信用？有借必有還。但是大多數年輕人收入不高，很多學生本身沒有穩定收入，很可能會還不出錢，若是用父母給的生活費

還信用卡債，更是不合適。

第二，信用卡本身鼓勵消費，對於年輕人或學生而言，不該讓消費主導生活。

第三，信用卡的優惠集中在高端卡上，也就是高資產客戶。年輕人的資產相對較少，只能辦相對低端的信用卡，優惠比較雞肋，非但沒有開源節流，還會花掉大量的錢和時間。具體的好壞及風險體現在哪呢？首先我們來看看信用卡提供的三種貸款模式。

第一種模式：刷卡消費。刷卡消費，我們都比較熟悉，就是用自己的信用做擔保。購物時讓銀行先幫你付款，等到了約定的還款日，再把錢還給銀行。

由於刷卡消費的時間到還款日最長能達到五十天左右，而且在此期間免利息，所以只要能按時還款，銀行是不會收取利息的。這相當於借銀行的錢給自己周轉，這也是信用卡最便利的地方。

第二種模式：分期付款。所謂分期付款，就是借了銀行的錢不打算一次性還清，而是分批還。例如常見廣告中的零首付買手機，實際上就是把買手機的錢分了三次、六次，甚至更多次還款的方式。但分期消費是要收利息和手續費的。

以某銀行的信用卡為例，如果消費一萬元分三期還，分期手續費率就是一．九五％，即手續費為一百九十五元；如果分十二期還，分期手續費率是七．二％，手續費就是七百二十元。所以，分期消費非常不划算。

第三種模式：預借現金。這種我就更不推薦了。從你插卡取錢開始，銀行就會不斷的收取費用。先收一筆手續費，是二．五％左右，然後每天都要算利息，一般是每天每一萬元收取五元的利息（按：臺灣手續費約在二％至三．五％左右，循環利息約六％至一五％不等）。

假設你用信用卡取了一萬元，借了三十天。取現手續費兩百五十元，三十天利息還要一百五十元，一個月下來要還四百元。和免利息的刷卡消費比起來，信用卡分期和預借現金，可以算是合法的「高利貸」。所以再三提醒，沒事可千萬別使用它們。

也許有的朋友可能會問：信用卡明明有那麼多紅利回饋，可以免費換電影票，還有五星級住房和飛機票的福利，用這種方式開源，還能提高生活幸福指數，這不是很好嗎！是的，很多信用卡的廣告海報上會寫得非常誘人，像是週三指定餐廳五折等等。不過，這些大家熟知的優點都有些弊端的。

第一，很多紅利兌換仔細算下來並不便宜。如某張很紅的銀行白金卡，積分可以換飯店住宿，但是要刷二十萬元才能換一晚。如果二十萬元存在貨幣基金裡一年，按目前的利率，一年的收益可達八千元。這個價格也完全能住一晚五星級酒店了，沒必要非得刷卡換。

第二，為了優惠而費盡心思。這本身也有時間成本，如果專門為了得到禮品而特意刷卡，為了打折而找餐廳，在某種程度上也是一種精神負擔。

第三，也許你聽過「信用卡＋貨幣基金」優惠法。每個月將錢轉進貨幣基金裡，然後設定用裡面的錢在還款日前一天自動給信用卡還款。這個月裡，你就可以用信用卡的額度來消費，讓貨幣基金來賺錢，多賺了免息期將近五十天的利息。

這種操作對於職場人士來說或許可行，每月收到的薪水用於短期理財，每月的固定消費（房租、水電等）可以先用信用卡提前刷卡。但短期理財帶來的實際收益也有可能會「合理化」刺激你的消費行為，最後不但沒有省錢，反而花了更多的錢。

而對於學生來說，如果沒有每月固定消費的習慣，反而會更容易忘記還款日，造成拖欠逾期，得不償失。

信用卡卡主有了消費權利，相應的，就有還款義務。如果實在不得不用信用卡，一定要牢記四個字「絕不逾期」。因為信用卡和個人信用是關聯的，每一筆消費都會成為信用紀錄，如果不能按時還錢，會形成信用汙點，輕則以後貸款被拒，重則影響人生計畫！

綜上所述，不建議年輕朋友們使用信用卡，更不建議學生朋友們使用現金借貸等負債性消費的工具。

識別了信用卡陷阱，再來看一看最近很流行的開源方式——「擼羊毛」。

陷阱二：擼羊毛

什麼是擼羊毛？簡單來說，就是利用商家的各種優惠資訊降低支出，以一個優惠價格來購物。

既然可以降低支出，買到實惠價格，為什麼會是陷阱呢？原因很簡單，因為「以優惠價購物」，它的出發點還是在購物消費上。那麼我們就來深入分析，這羊毛是從哪裡來，以及為什麼不建議擼羊毛。

「羊毛」主要有以下四種來源：

第一種是平臺活動。例如，電商的週年慶、雙十一、雙十二等。每到假日或者商家發明的節日，各大平臺都會有各式各樣的優惠活動、花樣吸引你花錢。但很多所謂的「羊毛」都是有條件的，例如消費滿額抵用券等，而這都是以消費為前提，且消費的金額還不低。對於低收入或者沒有固定收入的人來說，不建議進行這種大額消費。

第二種是商店活動或特定品項活動。例如「京東」購物網站，經常有生鮮滿一百九十九元減一百元的活動，這就是針對京東超市生鮮品類的商品優惠。但這種生活用品或是生鮮的優惠，比較適合家庭主婦這種族群。

第三種是新用戶活動。因為各大電商消費類 APP 獲客成本（買進一位客人，所要預先花費的成本）很高，所以他們也會把這部分優惠，透過推廣直接投放給新註冊用戶。如新客戶註冊，能直接獲得一張九十九減八十元的優惠券，或老客戶邀請新客戶，雙方各得九十九元減八十元券等等。

其實互聯網平臺拉新用戶的優惠活動一直不少，歸根結柢還是為了獲得新客戶，而客戶就是這些平臺的賺錢之本。

第四種是支付優惠。例如京東雙十二節，只要使用 Apple Pay 就減免十二．一二元。

說到底，電商的「羊毛」都是一種套路。當你覺得這種滿額減免消費能「賺到」，便正中下懷。正如《輕鬆駕馭意志力》（*The Willpower Instinct*）一書中提到的「光環效應」，這種優惠相當於給你發了一張放縱許可證，以為自己是理性消費，實際上卻已經失去了自控能力。

一個人的時間和精力有限，資訊爆炸的時代，羊毛的資訊相當多，但值不值得才是你需要考慮的問題。如果一定要「擼羊毛」，建議你列一個需要但不著急購買的清單，偶然遇到好價格就直接下訂。如果自己並不需要，僅僅因為便宜而買入，那多花一分都是浪費。

最後，依然不建議你去擼羊毛，因為你要時刻記住：時間是最值錢的。

陷阱三：斜槓青年

斜槓青年這個詞這幾年特別紅，它用來形容一個人多才多藝，有多重身分。例如水湄物語：創業者／三寶媽／理財達人／豆瓣網紅；又如我認識的一個互聯網技術總監，不僅寫網頁一流，管理能力也很傑出，之前還在北京三里屯開過飯店、當過廚師，那麼他的斜槓標籤就是程式設計師／技術總監／廚師。

斜槓青年來源於英文 Slash，出自《紐約時報》《*The New York Times*》專欄作家馬爾基．阿爾伯爾（Marci Alboher）撰寫的書籍《雙重職業》（*One Person / Multiple Careers*），指的是一群不再滿足專一職業的生活方式，而選擇擁有多重職業和身分的多元生活的族群。美國創業大師丹尼爾．迪皮亞扎（Daniel DiPiazza）也在《複業時代來了》（*Rich 20 Something*）這本書裡提出過「斜槓族」的概念。但是最近兩年我發現，**大多數人所追求的「斜槓」，不過是在浪費時間，並不是真正的「斜槓」**。

首先，「斜槓青年」的概念不是近期才有的。我們上學時，經常看到一些作者介紹，例如，伽利略：畫家／發明家／藝術家；朱自清：作家／學者／詩／散文家／民主戰士等等。有一個「斜槓」看起來似乎非常厲害。但成為真正的「斜槓」的前提是，他們在每個領域都很精通，「斜槓」只是自然而然的結果。而**今天的很多斜槓青年，更多是在打零工，**

而不是精耕細作。

例如小董：作家／溝通專家／美食家。乍看這個人非常有能力，簡直是一個跨行業的複合型人才。但事實上，小董就是我們公司的一個實習生。所謂的「作家」，是指她業餘時間在網路上寫寫個人心得日誌；所謂的「溝通專家」，其實是指她平常和同事或者解答用戶的線上疑問；而所謂的「美食家」，就是她偶爾會做一些零食小餅乾。所以，這完全是業餘愛好，或者說是在廉價零售自己的時間。如果你羨慕別人是斜槓青年，最好先做個判斷：這個斜槓，到底專精到什麼程度？

很多年輕人追求斜槓，是在盲目求多，同時逃避專業評價，在每一個領域都不精通。或許你聽說過，長得好看的沒我聰明，聰明的沒我好看。聽起來似乎很厲害，但事實上，是他們在哪個領域都不精通，只能用斜槓來美化自己。

如果你想追求斜槓，讓自己更有能力，掌握更多的手藝和技能以便未來有更好的發展，那麼這種斜槓就是有意義的；反之，如果只是東一榔頭、西一棒子，反而會分散你的精力，使你無法專注的加強自己的專長。那麼，如何斜槓才是正確的呢？

我認識一位斜槓達人小敏，她是長投學堂的班主任、淘寶寵物潮牌的店主，同時也是理財投資達人。除此之外，她還有一份月薪兩萬三千元的財務工作。所以她的標籤是「小敏：互聯網營運／淘寶店主／投資達人／財務專員」。你也許會覺得，這看起來很不可靠啊？不又是一種「瞎槓」嗎？但如果我告訴你，她這四份標籤，讓她在月薪兩萬三千元的情況下，一年能多收入五十萬元以上，你還會覺得是「瞎槓」嗎？她是如何做到的？我給你細細道來。

小敏大學學的是財務相關，畢業之後在溫州家裡的服裝工廠做會計。兩萬三千元的月薪也就是聊勝於無。後來，小敏家裡的服裝工廠遭遇危機，錢成了一個很大的現實問題。小敏迫切的想給家裡減輕壓力。她並沒有隨意找零工去盲目兼職，而是追根溯源，從錢的源頭來發現賺錢的方法。於是，她透過學習投資理財發現三種賺錢方法，也就是我們前面介紹的加法、乘法和指數賺錢法。那麼她具體是怎麼做的呢？

第一步，她用MPS法挖掘自己的核心關鍵字：財務和溝通。圍繞著這兩個詞，她開始了一系列的嘗試。首先，她學習股票基金投資，原本的會計背景在分析產業年報上給了她很大的幫助；然後她嘗試指數賺錢法，把每月的薪水固定拿出一部分做基金定投（第六章我們會講基金定投具體怎麼選），為未來的指數爆炸做準備。

第二步，她梳理自己本身擁有的資源。她發現，家裡的服裝工廠雖然經營不善，但多少還是能拿到一些資源。於是，結合自己的興趣和市場分析，她決定開一家寵物潮牌的淘寶店，接下來自己完成裝修店鋪、上傳圖片、維護客服、計算財務帳單等一系列工作。漸漸的，她有了第一單成交，之後便是第二單、第三單……。

第三步，透過互聯網系統學習投資理財。因為所學課程是線上課程的形式，所以需要班主任（網路營運兼職人員），於是她果斷報名。由於她善於溝通，並且在投資理財上積累豐厚，於是她成為一名受歡迎的班主任。最後，她的兼職收入每個月超過四萬元，做得好時可以超過十萬元。不僅如此，透過兼職，她還學到了很多互聯網營運的知識和技能。如果她未來想離開溫州，到大城市的互聯網公司工作，也完全不是問題。

如果你也想成為一個「斜槓青年」，不妨先找到一個你喜歡且擅長的領域鑽研下去，從「單槓」開始；久而久之，這個強有力的單槓會為你未來的「斜槓」鋪平道路。

你的時間價值比錢更值錢

很多人開源的初衷都是基於對錢的需求，這並不用避諱。當你心裡越想要一件東西，它才會越向你靠攏。這一法則在財富界尤為突出。據《財富》（*Fortune*）雜誌統計，在全世界的富人中，猶太人占五〇％；超級富翁中，猶太人占四分之一。如美國股神巴菲特、量子基金創辦人索羅斯（George Soros）、美國石油大王洛克菲勒（John D. Rockefeller）等知名富豪，都是猶太人。然而，猶太人只占全世界總人口的千分之三，為什麼這麼少的人口卻能壟斷大部分財富？原因就在於：猶太民族是一個以知識和財富為信仰的民族，他們認為「金錢無姓氏，更無履歷表」，所以想擁有錢並不可恥，但也要學會聰明的賺錢。

那麼如何聰明的賺錢？關鍵就在於：認清時間的價值。這一節我們分析了開源賺錢的三種方法：加法、乘法和指數法；我們還講了如何發掘自己的優勢和資源，並結合市場的需求，讓自己的能力變現。但歸根結柢，都要認清時間的成本，否則就會容易陷入盲目賺錢的陷阱，糾纏於低價值的事，不僅花費大量的時間，還沒有積累到寶貴的經驗。

所以，不管是加法、乘法還是指數法，只要你能善用它們，一定可以幫你實現財富積累，讓你在財富之上實現更多的人生自由！

第5章

就業要選大企業還是小公司？先聽股神怎麼說

1 選工作就像選股票

對你來說，什麼樣的工作是好工作？每次給大學生演講或是給職場新人培訓，我都會問這樣的問題。得到的回答通常是：自己喜歡的工作就是好工作；或者能發揮自己長處的，工作起來開心的；或者更直接一點的，薪水高的。

憑感覺，難以擁有好工作

而如果我進一步問：那你喜歡什麼工作？你的長處是什麼？你覺得薪水多高是高？他們往往會陷入困惑，回答不上來，就和回答「夢想是什麼」一樣茫然無措。要知道，在選擇工作上如果沒有一個具體的標準，就很容易喪失目標感，認為什麼都好，但似乎什麼都不夠好。例如我認識的一個年輕人小強，他就是「什麼都想要，又什麼都看不上」的代表。

小強一開始覺得在辦公室工作很光鮮氣派，於是進了一家公司當普通上班族，但一看到網路上「外送員月入十萬元」就覺得心裡不平衡。當他聽說房產仲介賺錢多，馬上辭了工作去一家仲介做房產銷售，結果沒做滿三個月，就覺得每天早上晨會，打雞血式的喊口號太幼稚，還有每天打電話、發傳單太不體面，還是公務員、銀行職員這類的工作比較有面子。於是，他再次辭職，靠關係、找門路，進入了一家銀行的信用卡部，結果他又嫌每天對著陌生人打電話、推銷信用卡既枯燥又沒成就感。

後來，他又覺得健身教練的工作挺好，琢磨著想去試試……工作沒幾年卻換了好幾份工作，小強整天都過得很「廢」，人不在狀態，面試時對於面試官提出，關於他過往工作經歷的疑惑，也給不出正面回答。到現在，他還是沒搞清楚自己想做什麼。

像小強這種沒有目標，也沒有量化標準的選擇結果就是：白白浪費了寶貴的時間和精力，且錯失了積累職場價值和財富的機會。

那麼，到底什麼樣的工作是好工作？該如何去衡量？在我看來，找工作跟選股票有異曲同工之妙，需要我們學會價值投資，選出真正有價值的公司，且投入成本。你可能會有疑惑：找工作和選股票有什麼關係？炒股不是賭博嗎？什麼又是價值投資？下面我們一一來進行了解。

先說「炒股就是賭博」這種觀點到底對不對？其實這種認為股票是賭博的態度，和前面小強憑感覺找工作很相似，都是一種輕率的選擇。

很多人買股票只是因為聽別人說「這檔股票很好」，或者「這家企業會漲，很有前景」之類的傳言。但自己對這家企業的業務範圍、經營狀況、未來發展卻一無所知，甚至連股票是什麼都不知道，就貿然投入自己的血汗錢，導致最後血本無歸。同樣，在找工作上很多人也是聽別人說什麼工作不錯就選什麼工作，對工作內容、方式等完全不了解，等真正入職之後才發現完全不是自己想要的。

就像股市裡七虧二平一盈的規律：很多人懷揣著青春和抱負投入職場，結果工作三至五年，一〇％的人出類拔萃、二〇％的人差強人意，而七〇％的人則相對平庸。有的人甚至過了三十歲還沒找到方向，純粹圖個溫飽而已。

那麼，如何選到好工作，讓自己避免成為那七〇％呢？首先，不管是投資還是求職，你都要深入了解對方，知道這家公司的口碑和背景、主要業務及經營情況；其次，確認這家公司的價值如何，對你有怎樣的價值，是否值得你選擇。

可能你認為這兩個建議放在選股票上比較合適，不適合用來找工作。那你就大錯特錯了。我和很多創業圈的老闆們都探討過，要判斷求職者有沒有上進心，只要在面試時提問兩個問題就可以了：

第一，你了解本公司的業務嗎？（主要的產品和優勢是企業能持續運行的根本。）

第二，你了解本公司的競品（競爭對手）有哪些嗎？（競爭對手決定企業是不是有競爭力，能不能持續創造價值。）

如果面試者回答不出來，那基本可以斷定他不會有太強的上進心。可見，不管是投資股票還是找工作，了解對方不僅僅是保護自己的必要方法，也是決定自己能否脫穎而出、擺脫平庸的關鍵。

了解一家公司是比較容易的，但給一家公司評估價值就比較難了。如何判斷一家企業的價值？估值又是什麼？

「好」就是價值大於價格

估值就是計算一家企業的內在價值。例如，一件成本為一百元的褲子售價為一百五十元，一百元就是它的內在價值，而一百五十元就是它的價格。如果你知道了它的成本價，就很容易判斷自己到底是虧了還是賺了。

在求職市場當中，你選擇一份工作，看中的是工作帶來的成長、收入、資源、環境等。企業老闆之所以會僱用你，是因為他們看中你的勞動給企業創造的價值高於企業付給你的薪水和其他成本。還記得之前《我值多少錢？》我們引用的話嗎？「企業在評價一個人時，最透明、最公平的標準，就是這個人創造出來的現金流量。只有**在一個人賺取的利潤超過**

公司為他制定的目標金額時，他的價值才會被承認。」所以，不論是作為求職者的你，還是招聘方的企業，所看重的要素不外乎兩個：價值和價格。

在職場中的價值和價格主要有以下四種情況：

【第一種】

企業角度：員工的價值（創造的利潤）大於員工的價格（薪水＋用人成本）。

員工角度：企業的價值（薪水＋成長）大於企業的價格（員工的時間＋精力）。

結果：雙贏，企業和員工都很開心。

【第二種】

企業角度：員工的價值（創造的利潤）小於員工的價格（薪水＋用人成本）。

員工角度：企業的價值（薪水＋成長）大於企業的價格（員工的時間＋精力）。

結果：員工被公司拒絕錄用或者解僱。

【第三種】

企業角度：員工的價值（創造的利潤）大於員工的價格（薪水＋用人成本）。

員工角度：企業的價值（薪水＋成長）小於企業的價格（員工的時間＋精力）。
結果：員工婉拒報到或者公司不給員工升職加薪，員工就離職。

【第四種】

企業角度：員工的價值（創造的利潤）小於員工的價格（薪水＋用人成本）。
員工角度：企業的價值（薪水＋成長）小於企業的價格（員工的時間＋精力）。
結果：企業和員工互相看不上，無緣。

所以，對於公司來說，只有不斷發展壯大，為員工創造更好的條件和機會，才能不斷吸引優秀的人；對於員工來說，只有不斷成長得更加優秀，能創造更大價值，才能找到更優秀的平臺。

2 三維分析法，有前途也有錢途

既然求職和選股票的思路相似，那麼如何將選股的方法應用到找工作當中？如何了解和估值才能發現高價值的企業呢？我們不妨採用查理．蒙格的逆向思維法，來盤點大家在找工作和買股票的過程中常犯的三大錯誤。繞開這些坑，離正確的道路就不遠了。

常見錯誤一：跟風聽說，迷信光環

問題：不了解就盲目亂入。

跟風聽說，迷信光環，是很多年輕求職者最容易犯的錯誤，原因很簡單：自己沒經驗，希望能有仙人指路。很多大學生一開始就業時，都把銀行當作一個好的去處，首先，光鮮亮麗的辦公大樓看著就非常氣派；其次，身邊的父母長輩也支持，他們認為銀行工作穩定、福利高，後半生有保障。但事實上，別人說好就真的好嗎？

阿雅同學一畢業就去了銀行，她一開始的職位是客戶經理助理。每天的工作是幫客戶叫號，指導客戶開卡，同時向客戶推銷信用卡、基金、保險等產品。她經常一站就是一天，如果沒有推銷成功，一個月薪水差不多也就是兩萬五千元。

後來她轉正考核時，主管告訴她沒有通過，但是信用卡部門最近在招募客服，問她願不願意去。當時阿雅一心想進銀行，於是想都沒想就答應了。從此之後，她便迎來了九個月的打電話生涯，每天對著電腦播出一連串陌生號碼，向對方推薦辦理信用卡。每天打出大量的電話，但願意了解的人卻寥寥無幾。為了達成業績，阿雅開始找身邊的家人和朋友辦卡，但數量有限。最後，沒達到業績的阿雅熬不下去了，就此辭職。

一般而言，銀行員工分為兩種：正職人員和約聘人員。雖然兩者的薪資待遇相距甚遠，但只要是在銷售第一線，業績考核壓力都非常大，沒有一定的人脈和銷售能力根本應付不來。那是不是行政工作就會很輕鬆呢？確實，行政管理部門比一線營業部的銷售壓力要小很多，但正是因為「錢多事少壓力小」，一般的工作人員也擠不進去。

但進一步分析，就算可以進入這樣的職位，「錢多事少」這類「養老」工作對你的個人價值而言，真的是好事嗎？

在過去，尤其父母以及更上一輩人的眼中，公務員這三個字彷彿自帶閃閃金光，一旦進入堪比魚躍龍門，從此衣食不愁，但結果往往事與願違。

小金的老家並不在大城市，當地沒有太好的企業，許多年輕人都選擇離開。由於小金是獨子，所以研究所畢業後回到了老家。他聽從父母的意見進入稅務局成為一名約聘文書處理員，每天的主要工作就是跑腿、打雜、幫上級寫資料。為了能成為正職員工，他連續三年參加公務員考試，但都在最後面試階段被淘汰了。

雖然小金也多次想離開老家，但一方面放不下父母和家庭，另一方面也覺得以自己目前的能力，可能已經無法應付大城市裡快速的工作和生活節奏。現在的小金只能硬著頭皮繼續做這份月收入只有兩萬五千元的「高級打雜」工作，而對於前途卻是一片迷茫。

社會在不斷的發展，老一輩人的經驗或許並不適合未來社會。上面案例裡的小金就是因為聽從了父母的建議，選擇去當公務員，才最終讓自己進退兩難。想回大城市，能力和經歷都已經落伍；想考公務員，但又實力欠缺。這樣的求職成本，是不是比投資股票失敗還大呢？

有一個可以規避這種問題的方法，就是成為像巴菲特一樣的價值投資者——先了解內在價值，再去行動。

巴菲特曾說過兩句話，第一句是「如果你不想持有一檔股票超過十年，那麼你就不要持有它超過十分鐘」。第二句是「持有一檔股票最好的時間，我認為是——永遠」。

如果把這兩句話套用在求職上，那就是「如果你不想在一家公司待上一年，那麼你就不要在那裡待上一天」、「最好的工作方式是把每一份工作都當作最後一份來做」。

既然價值如此重要，那要如何了解一家公司的價值？通常分析一家公司，資深投資者會問四個問題：這家公司是做什麼的？這家公司賺不賺錢，賺錢的能力有多強？這家公司有沒有護城河？這家公司的價格究竟該值多少錢？

第一個比較好回答，稍微上網一查，或多或少都能知道這家公司的業務。但是後面三個問題該如何判斷呢？我們需要知道三個量化指標——毛利率、ROE（Return On Equity）和護城河。

解決方案：讀懂量化指標——毛利率、ROE 和護城河。

第一個指標——毛利率，這是衡量公司盈利能力最直觀的資料。一家公司的收入減成本剩餘的毛利潤除以收入，所得到的數值即為毛利率（見下頁圖 5-1）。

一個企業是否盈利，從很多細節可以判斷出來。例如，你同學的公司逢年過節都有三節禮金和年終獎金、一年兩次調薪機會，而你所在的企業兩年都沒漲過薪水，到了節假日什麼都沒有，年終獎金也不發，這是為什麼？其本質是企業的盈利能力不同。企業業績好，福利自然就好，而企業盈利能力弱，發不起年終獎金也就不難理解了。所以想要找到高薪的工作，首先要找到盈利能力強的企業，而毛利率正是判斷企業盈利能力的重要數據。

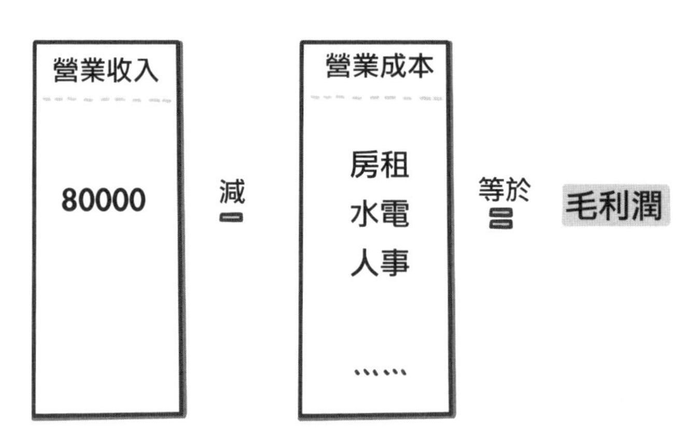

圖 5-1　毛利率與毛利潤

在投資領域，透過認真閱讀企業的財務報表，就可以看到企業的毛利率，這也是投資人決定是否投資的第一項標準。一般來說，只要毛利率能夠超過三〇%，這家企業就屬於盈利能力比較強的企業了。以後判斷一家公司，不妨先看看毛利率這個指標。

第二個指標——ROE，這是衡量公司真實收益水準的一個指標。ROE是公司淨資產收益率的簡稱，代表的是一家公司稅後利潤除以淨資產的比率（見第一六八頁圖5-2）。我們知道，納稅是每一個企業應盡的義務，每一個企業的財務報表裡都有稅收項。稅收是需要上繳國家的，不能算企業的最終收益，所以毛利潤扣除稅收之後就是淨利潤。

那麼，淨資產又是什麼呢？還記得我們在第三章提到的個人資產負債表嗎？能給你帶來收益的財產就是資產，如銀行存款、貨幣基金等，而讓你向外付錢的就是負債，如信用卡、房貸、車貸等，資產減負債後剩餘的就是淨資產了。這個ROE就是用每年的淨利潤除以淨資產的比率，即一個企業依託現有的資產能獲得多少收益。巴菲特曾說過：「如果只能選一個指標來衡量公司業績的話，那就選擇淨資產收益率吧！」可見它的重要性。

一般來說，連續五年ROE達一〇%以上的企業，就是一家賺錢穩定的好公司；如果能連續五年達到二〇%甚至是三〇%以上，那麼可以證明這是一家高速增長的公司，是非常值得你關注的。

第三個指標——護城河，這是衡量公司獨特優勢的一系列定性分析。如何理解護城河呢？我們知道古代打仗，每一座城池外面會挖一條河流，以保護城池不被外敵入侵。而商場如戰場，如果一家公司沒有自我保護的護城河，那麼隨著其他資本的入侵，這家公司的利潤遲早會被同行瓜分。只有為自己的公司構建出一條又寬又深的護城河，才不會輕易被別人取代。

護城河可分為五種類型：無形資產、轉換成本、網路效應、成本優勢和規模效應，這是企業長期盈利的有力保證（見下頁圖5-3）。如果你想投資一家公司或者想進入一家公司

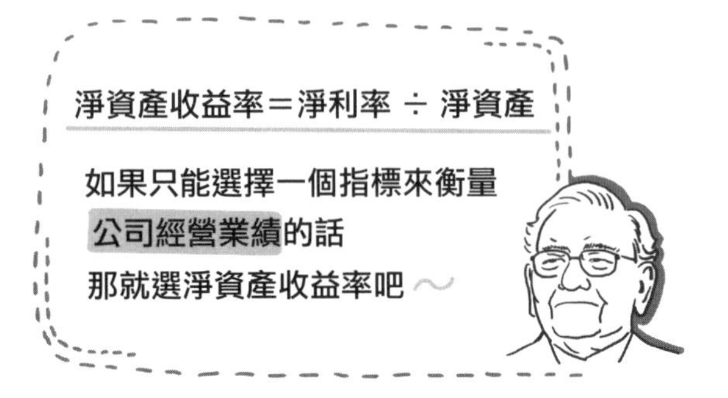

圖 5-2　巴菲特衡量投資的指標

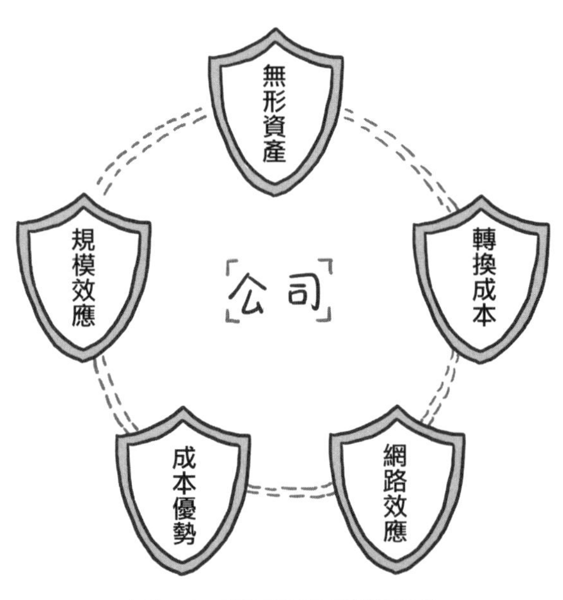

圖 5-3　護城河的五種類型

工作，不妨看看這家公司有沒有這五種類型的護城河，由此可以知道它在同行業中的地位。

無形資產護城河：包括品牌效應、專利保護、政府授權等。例如一提到可樂，你肯定會立刻想到可口可樂和百事可樂，其他品牌可能就說不上來了。前幾年有一種「非常可樂」，只流行一、兩年就銷聲匿跡了，原因就是可口可樂和百事可樂的品牌護城河太強了。

轉換成本護城河：最典型的就是銀行業。你會把之前的銀行卡全部停掉，換一家新的銀行開戶嗎？估計很少有人會這麼做。

首先，去新的銀行開戶很麻煩，要花費很多精力和時間，光是排隊就讓人頭痛；其次，如果你停掉之前的銀行卡，就意味著只要與銀行卡有關聯的業務都需要更換，如綁定的水電費、薪資等，這些就是你的轉換成本。擁有高轉換成本護城河的企業，也就擁有了更高的議價能力。

網路效應護城河：典型的如微信、支付寶（按：類似臺灣的 Line Pay 和街口支付）。為什麼現在大部分年輕人經常使用這兩種支付方式，甚至出門都不帶錢了呢？因為大部分的商家都支援這兩種付款方式。然而大部分商家之所以都支持，是因為所有人都使用微信或是支付寶。這就是網路效應，越多人用就越便捷，越便捷使用的人就會更多。

成本優勢護城河：我們舉個具體的例子：美國的西南航空公司（Southwest Airlines）最大的優勢就是全美機票價格最低，它之所以可以做到全美票價最低，最主要的原因是它的成本非常低。西南航空公司從飛機餐、飛行時間、機場選擇等系列環節把控成本。如果競爭對手想複製，就必須放棄原本的經營策略，最終得不償失。正是因為西南航空的成本優勢，才一直有穩定的客源，可以薄利多銷。

規模效應護城河：很多同學喜歡玩手遊，如「騰訊」的「王者榮耀」等。為什麼騰訊可以不斷開發新的遊戲呢？因為騰訊有龐大的使用者。雖然遊戲的研發成本是巨大的，但只要把遊戲銷售給越多的玩家，分攤下來的開發成本就越小，利潤也就越高。而小公司沒有這麼大的用戶群體，無法更好的分攤研發成本，所以無法做到不斷開發新遊戲。在資本市場中「強者越強，弱者越弱」就是這個道理。

作為投資人，我們的使命就是發現有護城河的企業，在適當的時候買入它的股票並持有，等待享受公司源源不斷的分配利潤；作為求職者，我們的目的同樣是發現有護城河的公司，在機會來臨的時候成為它的一分子，和公司一起快速成長，創造美好未來。

所以，無論是投資還是求職，都要認真分析自己中意的公司。不要只是道聽塗說，而是踏踏實實做好研究調查，了解公司的效益、優勢和競爭力情況。當這些因素都分析清楚了，再根據自己的實際情況做出客觀、理性的決策。

常見錯誤二：單一判斷，不見全貌

問題：只看表面收入或是單一指標。

現在很多年輕人都有的求職盲點是：只關注應徵公司給出的薪資。假如A公司給的薪資比B公司少了一千元，那就不會考慮A公司，甚至不了解薪水後面的勞健保、加班費、時薪等隱性收入或者隱性成本。前面我們已經探討過，即便是別人口中「錢多事少離家近」的工作，也並非真像傳說中那樣美好。任何一項工作都不會只有光鮮亮麗的一面，背後往往都有不為人知的付出和代價，沒有絕對完美的工作。

小陳是一名學生會幹部，大學畢業時參加了很多徵才博覽會，也面試了多家公司。但挑來挑去，許多公司他都看不上眼：公司太小、薪水太少、地點不好、職位太低……選來選去，他最終選擇了到某企業的行銷部門做業務。

當知道他簽約到該公司時，同儕們投來的羨慕眼神讓他很是陶醉。但這樣的陶醉感沒過多久就煙消雲散了，先不說獨自一人在大城市的生活成本，光是業務工作的壓力就讓他喘不過氣來。

互聯網公司競爭激烈，上司對業務的考核最關鍵的就是業績指標，而小陳不過是個剛剛走出校園的大學生，缺乏人脈關係和工作經驗，銷售業績一直徘徊在最後三名。上個月，上司告訴他：「如果業績再上不去，你就主動辭職吧。」面對每月近萬元的房租和高額生活費用，小陳欲哭無淚。

互聯網公司是近年來應屆生求職的熱門選擇，彷彿只有進了「騰訊」和「阿里巴巴」才算是學有所成。但事實上，這樣的公司並非適合所有人。競爭越激烈的公司，工作壓力往往越大。這些公司之所以能取得備受矚目的成就，基本都是員工長年累月拚命工作換來的，他們的身體和精力都長期處於超負荷的運轉狀態。

選工作是一門技術，不但要了解不同行業與不同公司的主要業務、利潤指標以及員工的福利待遇，還要知道自己要從事的職位主要工作內容是什麼、工作強度有多大、工作壓力有哪些。同時還要認真考慮這份工作對你的個人成長和職業發展到底有哪些好處。

這麼一看，分析一份工作好像很複雜，這裡推薦一個方法——三維分析法，並以小辛為例，從行業、職位、待遇三個面向使用三維分析法，判斷工作是否適合自己。

解決方法：善用三維分析法。

小辛畢業時拿到了多個工作機會，他比較心儀的有兩家：一家是中鐵集團的某路橋建築公司、一家是當地知名的民營企業。這兩家單位對他也都非常重視，特別是那家民企的老總，甚至承諾讓小辛直接做總裁助理。小辛猶豫不定，就找自己的老師商量。老師要他分別到這兩家企業去考察一下，看看各自的優劣勢再做選擇，小辛聽從了導師的建議。到企業考察之後，小辛毅然選擇去中鐵集團的路橋建築公司工作。

老師問他原因，他說出了三項理由：第一，職位。路橋公司平臺大、專案多，特別是目前承接的很多專案是國外工程，對個人的能力提升大有幫助。而那家民企則不同，雖然可以直接做總裁助理，但大多數工作的性質是跑腿打雜，從長遠來看不利於個人發展。

第二，行業。路橋公司的收入雖然低一些，但鍛鍊機會多，只要做好了專案，向上升遷和發展的機遇非常多。反觀民企，雖然總裁助理的職位比較氣派，但職業發展的空間並不大，更危險的是以後要再更換工作比較難。

第三，待遇。路橋公司的福利齊全，不僅有正規的勞健保，而且出國工作還有額外的保險和醫療保障。而民企雖然薪水略高一籌，但保障相對不完善。無論是醫療還是養老保險都是當地的最低標準。

透過這樣的考察比較，小辛最終選擇了路橋公司。現在的他已經成為非洲項目的負責人，雖然遠離故鄉和家人，但他覺得自己的工作很有意義和成就感。

無論是投資還是找工作，首先必須做到的就是多方比較、知己知彼。那種只看到薪水高就萬事大吉的選擇方式，一定會給你帶來許多意想不到的煩惱。而像上文中的小辛，沒有被高薪和總裁助理的頭銜所誘惑，而是從職位、行業和待遇三個面向多方考量，認真考察了公司的優勢和劣勢，弄清楚了公司的成長性，了解了自己在公司中的發展前景和職業道路，同時還對薪水之外的隱性福利進行了比較，最終做出了理智的選擇。

當然，你或許會問「如果兩個公司各有千秋，要如何分析？」例如，兩家公司都不錯，一個是大公司，有名氣、穩定但成長空間可能有限；一個是小公司，沒名氣但成長性好，這種情況要如何抉擇？

延伸問題：選擇大公司還是小公司？

通常求職者們最關心的無非是兩點：一是當下的薪水，即每個月的薪水和福利等；二是未來的薪水，即成長空間、升職加薪等。

目前，求職者找工作的實際情況，可以分成「當下」和「未來」兩個派別：前者是「鐵飯碗派」，以國有企業、中央企業，或有國家資金背景的傳統企業為代表；後者是「新型行業派」，以新媒體行業、互聯網行業等為代表。

鐵飯碗派代表的是經營成熟的大公司，這類企業職位分工明確、流程清楚、各項福利完善，如勞健保、三節獎金、年終獎金、員工餐廳和住宿等。

根據前面的指標判斷，就是毛利率低、ROE穩、護城河深。而缺點也很明顯，這些企業的職位分工非常明確，幾乎是一個蘿蔔一個坑，你很有可能只能成為其中的一顆螺絲釘。同樣的，升職和成長速度也相對緩慢。

而新興行業派代表的是快速成長的小公司，企業資歷較短，這類企業的職位設置比較靈活、沒有標準的流程、人員晉升空間大。

這類公司的特點是發展步伐較快，利潤增加幅度大，而且前景通常比較樂觀。如果你加入一家創業公司並有幸做到它融資上市，還有可能拿到期權變現，一朝實現財務自由。但如果不幸，一個浪潮過來，死得最快的也是創業公司。可以說一朝是天堂，一朝是懸崖。

一家創業公司逐步做大的路徑，從天使輪、A輪、B輪、C輪融資到最後的IPO（Initial Public Offerings，首次公開募股）上市，每一關都是一個檻，能走到最後的公司少之又少，哪怕走到最後，還能長遠發展下去也並不容易。所以，選擇工作即是選擇人生，一定要提前想清楚。

如果你的目標還沒有那麼明確，或者你的職場經驗有限，不確定自己適合大公司還是小公司，那麼會建議你選擇大公司（說明一下，這裡說的大公司是相對於小的初創公司，如工作坊、工作室而言，有很多創業公司雖然小，但是營運已經非常成熟，這也屬於大公司）。那麼，為什麼會建議你選擇大公司呢？

首先，在大公司工作，你的履歷會比較好看，這個是實實在在的好處。如果你在一家不知名的公司，雖然職位寫著某某部門管理者，但面試下一家公司的時候，人力資源不會在意你的級別，而是關注你們公司是做什麼的、你具體能做什麼。

如果你去的是一家知名的大公司，例如你曾經在知名銀行當客戶經理，或者在四大會計所做過會計，那麼人力資源一看就會非常清楚，不用詳細問也會對你的能力有些認可。這就是為什麼大公司的職位非常重要，而小公司的職稱根本沒人關心，兩者的差別就在於市場的含金量不同。

其次，大公司一般都有一套成熟的新人培訓體系，這對於職場新人來說非常寶貴。通常，新人培訓包括企業文化、職業素養、業務流程等，對於新人建立初步的職場框架非常有用。而對於一些初創的小公司而言，時間就是金錢，在培訓上花費時間就太奢侈了，只能讓你自己「野蠻生長」。

我的第一份工作是公務員、第二份工作是諮詢公司，我自己也多次創業，但我並沒有覺得自己在職場上（在理財上或許有）走過多少彎路。因為之前的大公司工作經歷，不論是在人脈、公司架構、眼界格局上，還是在心態、薪水積蓄上，都給了我豐富的經驗和資源。

所以，優先考慮大公司而不是初創公司，不僅僅是為了前途，也是為了自己的「錢」途。

常見錯誤三：孤注一擲，不留後路

問題：一意孤行、耗費光陰。

在找工作時，還有一些人容易犯一個錯誤：孤注一擲，不留後路。無論是自己的決定還是家人的建議，只要認準了某個職業或者某家公司，哪怕付出巨大代價也要去，絕不肯「曲線救國」或者「半路調頭」。

這很像在投資市場裡，有些人買的投資品項虧損了，並且前景並不樂觀，但是還死撐著不肯退出，希望能有奇蹟發生，最後往往是損失越來越大，甚至不可挽回。在求職領域中，這也大有人在。

小張的父母對公務員有種近乎於執著的好感。小張從大學畢業時，父母對她唯一的要求就是必須考公務員。而其實小張的夢想是念完研究所後，能留校成為一名輔導員，但她拗不過父母的決定，大學畢業後就回到了家鄉，開始積極備考當地的公務員。

也許是她內心抗拒或準備不足，連續兩年筆試都沒有通過。小張受到了巨大的打擊，對複習備考更加提不起精神，第三年依然沒有及格。父母一開始還能好言勸解，但到了後來就開始指責訓斥她，認為她白白浪費時間，這麼大了還在家裡啃老。小張也想先找個兼職打工，但父母又擔心她不努力複習更無法通過考試，一家人就處於矛盾糾結中無法自拔。

事實上，無論公務員還是企業員工，其根本都是透過為社會創造財富，謀求個人的發展。任何人用了十幾年的時間完成學業後，首先應該做的是脫離父母的養育，獨立到社會中拚搏，為自己掙出一席之地。

如果過於執著某個行業或者職業而導致無法就業，對個人和社會而言都是一種巨大的浪費，所以如果你無法找到一份各方面都相對滿意的工作，我也有一個實實在在的建議——「先就業，再擇業」。先擁有一份工作，可以養得活自己，讓自己先進入社會，完成從學生身分到職場身分的轉變，再進行橫向對比，尋找自己喜歡或者更適合的工作。

現在社會上有一種「慢就業」觀念，大意是畢業以後與其做一份不合適的工作，還不如乾脆不工作。更有甚者乾脆一畢業就完全靠父母的資助度日。二〇一七年被曝光的四十八歲海歸（按：指從海外留學歸國的人員）男，畢業後不工作，一直靠八十歲老母親的養老金度日。這樣的案例雖然屬於極端情形，但在現實生活中長期不就業，依賴父母的情況卻並不少見。

無論是盯住某個職業不放，還是一定要創立自己的公司，這種對於職業的偏執，其實跟希望透過買彩票一夜暴富一樣，都是一種不可取的賭博行為。

每個人都渴望成功，也都希望自己擁有美好的未來，但一定要記住，條條大路通羅馬，千萬不要將時間和精力都耗費在一條路上。

解決方法：設立安全邊際，嘗試「曲線救國」。

可能看到這裡，有的讀者會有疑問：難道夢想就不應該堅持嗎？不是應該鼓勵堅持自己、追求自我嗎？沒錯，但我並不是鼓勵你向現實妥協，而是希望你理解到，達成目標有很多方式，這需要一段過程。當你離目標還有一段距離時，這兩個建議或許能幫助到你：一是給自己一個安全邊際；二是曲線救國。

在投資世界裡，只有當價值被低估的時候才存在安全邊際，或安全邊際為正；當價值與價格相當時安全邊際為零，而當價值被高估時，則不存在安全邊際或安全邊際為負（見下頁圖 5-4）。

我看好一檔股票，目前它的價格是二十元，透過分析，判斷它的實際價值應該值二十三元，那是不是意味著價值高於價格，我就應該買入呢？未必。這需要看我的安全邊際是多少元。如果我的安全邊際是兩元，那麼我的安全價格是二十一元（23−2=21）元，價值高於此時的價格二十元，就屬於被低估，值得投入；如果我的安全邊際是五元，那麼我的安全價格就是十八元（23−5=18）元，也就是說，如果它的價格超過了十八元，就超過了我的安全邊際，不值得投入。

對於求職來說，你就是最寶貴的資產，你的青春、激情、體力、能力都是本金。如果遇到自己喜歡的選擇，但目前對你來說價格「太貴」，不妨參考安全邊際的方法，給自己

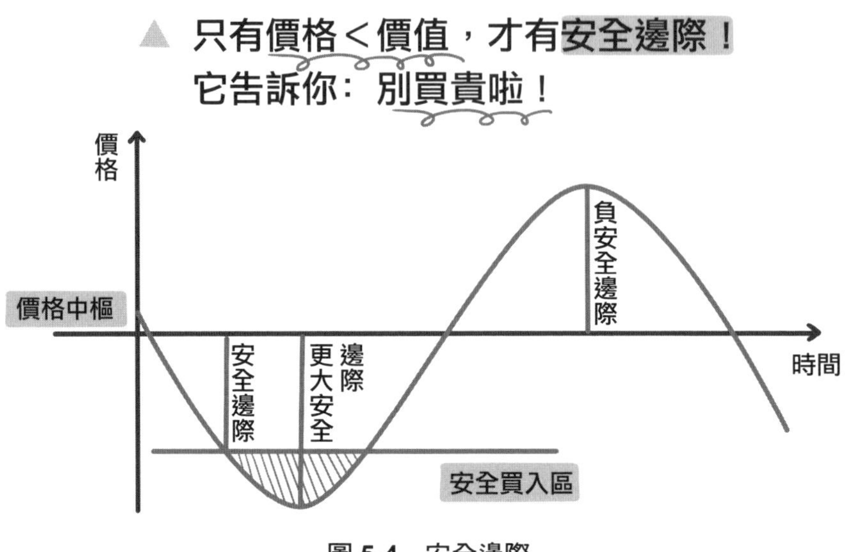

圖 5-4 安全邊際

一個空間進行曲線救國。即在充足的安全邊際之內，提升自己的個人能力，不斷增強和目標事業的匹配度，最後實現目標。

我同事的大學同學小佳，她的目標是進入騰訊做行銷工作。可我們都知道，騰訊是一家好公司，就算買騰訊最小單位的股票都需要幾萬元，去這家公司工作，價格要求就更貴了。

小佳在大學畢業之後，並沒有執著一定要進騰訊，而是先接受了「尼爾森」（Nielsen Holdings N.V.）公司的職缺，讓自己先進入職場，擁有謀生能力。尼爾森的工作並不輕鬆，她要經常加班到晚上十點以後，但小佳有意積累自己的工作經驗，並且在奮鬥的過程中認識了很多志同道合的朋友。與此同時，她並沒有放棄目標，而是定期向騰訊投履歷，但騰訊好幾次都拒絕了她。

後來，小佳又換了兩份工作，並有機會進入「華為」公司，仍是做市場調研。工作一年多之後，她之前的同事入職騰訊，向部門主管推薦了她，最終小佳成功進入騰訊，進入喜歡的公司做著自己喜歡的工作，收入也比剛畢業時翻了四倍。

如果你有特別明確的願望或工作目標，但是對現在的你來說難以實現，不妨學習小佳，先給自己找一個安全邊際——擁有一份工作，養活自己；然後「曲線救國」——積累經驗和人脈，不斷提升自己的能力，逐步接近心儀的職位，最終達成目標。

我的第一份工作是公務員，做了幾年後覺得這份工作不適合自己，就去讀MBA。MBA畢業後進入一家諮詢公司，積累了大量知名公司的案例和諮詢經驗，然後又進入到NGO組織中從事了幾年公益工作。在這個過程中，我在經驗、人脈和視野上都得到了充分的歷練，最後自己創業也是水到渠成。

雖然通向成功的道路並非直線，但中途的經歷一定會幫助我們更加靠近夢想。成功的形式可能不同，但背後的規律都是相通的。

股神巴菲特曾經說過：「投資的第一條準則就是保證本金安全，永遠不要虧損；第二條，請參考第一條。」工作也是你的投資，而本金是你自己，這遠比金錢要昂貴得多，所以求職一定要切記：不要虧損、不要一條路走到底。給自己留有安全邊際，保證自己有足夠的時間去自我提升，最後終究可以曲線救國，實現目標。

3 我的精實創業經歷——長投學堂創業過程

討論了關於擇業和就業的常見情況，或許有的朋友會問：我不想幫人打工，我想自己創業，可行嗎？我們先來看看小劉的經歷。

小劉非常想擁有自己的公司，這是他一直以來的夢想。所以在畢業季大家都忙著找工作的時候，他就開始動員父母投入一些資金讓他自主創業。父母一開始並不贊同，認為創業風險大、資金占用多，不適合年輕人。但經不住他三番兩次的請求，父母還是動搖了。於是小劉拿著父母給的一百萬元，興致勃勃的開始創辦自己的咖啡店。

原本他以為一百萬元足夠應付店面租金、裝修費以及前期設備等費用，沒想到租店面就花了十幾萬元，裝修花費更是如流水一樣，一百萬元根本就不夠，所以他又去找父母和親朋好友借錢，花了接近兩百萬元才把咖啡店開起來。

而因為他是新手，在營運方面毫無經驗，經營上困難重重，最終因入不敷出，勉強支撐了半年就倒閉了，投入的資金都打了水漂。現在的小劉，想找工作又覺得沒面子，而以前的同學大部分都在工作上做得得心應手了。他不想找工作，又不願在家裡聽父母嘮叨，每天渾渾噩噩，除了跟朋友泡酒吧就是上網打遊戲，更恨不得能一夜暴富，好讓別人都刮目相看。

當然，這並不是說每個創業的人都會像小劉這樣以失敗告終，也不是勸你放棄創業的夢想。其實，每個人的腦海裡都曾有過創業的想法，想經營一家格子鋪、想成為一家旅店的老闆、想擁有一份自己的事業，不用按時上班打卡、擠地鐵公車、看老闆臉色……。

但是創業真的有那麼美好？我曾經開過培訓公司和設計小店，也曾參與創建ＮＧＯ組織，創立的長投學堂到目前也有八年了。在這裡，我想和你分享我創立長投學堂的經歷，也許你會對創業有不一樣的認識。

我的創業經歷

在公司創立初期，我們只有三個員工，也是最早的三個股東，即我、我的先生小熊和他在銀行的同事小羅。

創業第一年：我還在NGO組織任職，同時兼顧兩邊的工作，小羅也還沒辭職。剛創立初期，我們沒有自己的辦公室，我的先生每天開車二十分鐘去圖書館辦公，中午就在圖書館食堂吃飯。

創業第二年：小羅從原公司辭職，開始在自己租的房子裡辦公，小熊依然在圖書館辦公，我仍在NGO組織任職。這時，我們開始僱用了一些兼職的程式設計師和行銷人員，每週借用我在NGO的辦公室開會，有時候還得偷偷摸摸的。

不久後我懷孕了。考慮到寶寶出生之後那間小房子不夠住，於是我們在離家不遠的地方租了房子，把原來的房子空出來，並招募到了兩個全職程式設計師。小羅就和兩位程式設計師在那裡辦公（他們現在還住在那裡），小熊繼續去圖書館上班，我在懷孕期間繼續做長投學堂的行銷工作，並兼顧在NGO組織的工作。

創業第三年：長投學堂的淨利潤已經足夠養活整個團隊，並維持我們三位股東的日常生活了。如果算上投資收入，我們其實已經達到財務自由了，但我們覺得不能止步於此：一方面，已經取得的成績讓我們更加自信；另一方面，野心驅使我們想做得更多。

創業第四年：公司已經逐漸步入正軌，我正式從NGO辭職，並擴大全職工作人員的隊伍。二〇一五年的三到六月，我們大約招募了二十個員工。招募網站的工作人員激動的問我們是不是融資，並開始大舉招募了。其實並不是，我們找了一個別墅當作辦公室，因為租金費用低、離家近，一些外地來的同事還可以住在裡面，節省成本。後來公司漸漸做大，到了二〇一八年，公司完成A輪融資，融資四億元，進入高速發展階段。

在我們創業的第二年，我的另一個朋友也創業了。當時他的業務還沒開展，就在不錯的商務區裡租了一間不小的辦公室，買了嶄新的辦公室設備，做了一個超棒的前臺，然後就沒有然後了。因為他沒有控制成本，幾乎花光了所有積蓄，創業就此結束。

回顧這八年的創業，我認為一個創業公司要具備兩個條件才更容易生存下來。這兩個條件分別是：執行力和MVP原則。

創業成功法之一：執行力

要想創業，首先必須有高強的執行力。歸根結柢，執行力就是一個人的行動力。生活中有太多人想法很多，他們每天腦袋裡都裝著幾十個好想法、好主意，但日復一日、年復一年，他們永遠只是在「想」，卻從來沒有開始「做」。沒有行動就永遠也不會有結果。

很多人有創業的想法，卻總是苦於無從下手，這也許不僅僅是執行力的問題，而是解決問題的方式。而解決的辦法，就是我下面要介紹的MVP精實創業法。

創業成功法之二：MVP精實創業

MVP精實創業的理念，來源於美國企業家艾瑞克・萊斯（Eric Ries）所寫的《精實創業》（*The Lean Startup*）。這本書是我逢人就推薦的書。什麼是精實創業呢？比較專業的解釋是，開發團隊透過提供最小化可行產品，獲取使用者回饋，並在這個最小化可行產品上持續快速反覆修正，直到產品到達一個相對穩定的階段。這麼說聽起來比較複雜，我們來看兩個簡單的例子。

例如你想利用做微信公眾號成為內容創作者，不妨先設立一個帳號，且先在親朋好友中傳播，收集回饋。如果做得好，優質的內容會自帶傳播量。

下一步，你就要根據評論留言不斷調整內容，讓內容越來越優質。有了持續不斷的優質內容，就可以找一些較知名的公眾號幫你宣傳，讓更多的人可以看到。當流量起來了，你就可以主動找一些符合本身性質的廣告商，進行廣告置入，一方面賺取廣告費，另一方面也在提升公眾號的商業價值。

同樣的，如果想開發一個程式，你可以先設計一些圖片（盡量和你想做的程式介面一樣），然後把這些圖發給身邊的朋友，讓他們提供意見，並準確描述這個程式的功能，細心收集他們的回饋，看看有多少人願意用，做好前期鋪墊和市場調查。再根據大家的回饋

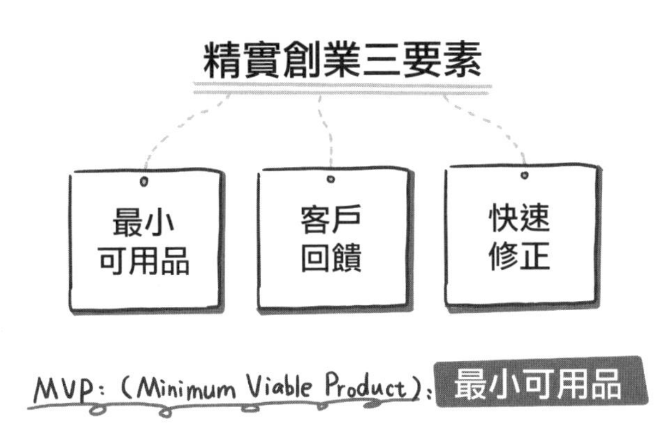

圖 5-5　精實創業三要素

對程式的內容進行修改，並將修改後的程式推送給身邊的人進行試用，然後再根據大家試用回饋進行再次修改。直到用戶報告出來並達到滿意效果後，就可以推向市場了。

這就屬於精實創業，裡面包含三個工具：「最小可用品」、「客戶回饋」和「快速修正」（見圖 5-5）。如果你有一個創業夢，建議你用「精實創業」的方式展開。不管是生活還是創業，精實創業都是一種非常好的方法。它的優勢就在於：

第一：成本低。我在創業的時候並沒有一開始就辭職全部投入，而是保證有固定的現金流（NGO 的薪水），這樣即使失敗了我的損失也不算大。要知道，創業公司一開始能存活下來非常重要，所以你一定要保證有穩定的現金流。我甚至建議你先找一份穩定的工作，提供日常開支，然後在業餘時間嘗試創業。

第二：快速收到回饋。在創業前期，產品未進行市場檢驗前，如果能得到身邊人的回饋是再好不過的事了。這可以讓你對產品有一個大致的預期，如此下來再決定要不要繼續。

第三：快速修正。因為投入少，所以你可以反覆嘗試、快速修改。這樣即使一個想法沒有成功，還可以不斷改變和更新。千萬不要剛開始創業就把自己的全部財產，或者父母的積蓄孤注一擲，因為若是失敗，代價實在是太大了！

4 打造個人職場護城河，讓企業主動找到你

前面的內容介紹了如何挑選公司、如何避開工作選擇中的陷阱，以及什麼樣的行業或企業更適合初入職場的年輕人。相信透過前面的閱讀，你應該已經明白了求職時應具備的技巧和方法，但這並不是全部。

求職不只是一個人的事情，而是用人單位和應聘者之間的一種互動，需要雙方共同努力才能成功。如果只是自己看好了某個企業，但是本身的實力還不夠，達不到企業的要求，也無法順利勝任。

這一節我們就主要來談談如何打造個人的核心競爭力，建造個人的職場護城河，讓企業主動找到你。

還記得我們之前分析公司的五個護城河嗎？它們分別是無形資產、轉換成本、網路效

應、規模效應以及成本優勢。延伸到個人價值上，我們可以從以下三個角度去打造個人職場護城河。

個人職場護城河之一：無形資產

對於一家企業來說，無形資產代表的是非貨幣性經濟資源，如商標、專利等。無形資產的價值越高，這家企業就越容易受到社會的青睞。對於一個剛進入社會的年輕人來說，無形資產並不是有形的金錢，而是看不見的職場貨幣，包括個人的職業素養、責任感和專業信譽等，這對於一個人未來的發展至關重要。

通常在公司的招募中，尤其是招募主管或者位階比較高的職位，有一個非常重要的環節，叫做「背景調查」。這個環節正是企業用來了解應徵者無形資產的方式。

你可能會有這樣的經歷：應徵一份新工作時，人資會讓你填寫表格，其中過往的工作經歷上有「推薦人」一欄，並且需要你提供聯繫方式，這有什麼用呢？

第一，是為了確認你的簡歷不造假。畢竟工作經驗，對於公司判斷你是否適合這份工作，是一個很關鍵的參考指標。

第二，透過聯繫推薦人，可以了解你過往工作經歷中的無形資產，判斷你的「職場貨幣」是高還是低，這是背景調查的重要環節。有的人工作經驗豐富，業務技能也很熟練，但是如果在團隊中與同事相處矛盾重重，或者毫無團隊精神，不顧忌他人感受，甚至有才無德，在商業道德上出問題，那麼這些通通都會減損其個人無形資產。這樣即使經驗再豐富、再有能力，公司也不願意聘用。

所以，一定要重視並珍惜自己的無形資產。職場是一個圈子，持續打造個人品牌，才能讓自己職場的護城河越來越寬、越來越深。

個人職場護城河之二：轉換成本

轉換成本對我們個人成長而言就是五個字——「不可替代性」。它主要體現在以下三個方面。

第一，擁有不可替代的資源。這個資源可以體現在人脈、資本或關係上。

我的一個學員是一家企業的內勤，工作八年，當地所有的飯店、旅行社、會展公司都和她建立了良好的合作關係。即使在旅遊旺季的時候，有客戶來出差訂不到房間，她仍然有本事協調出飯店客房，讓客戶入住。如果公司要開會，只要提出需求和預算，她很快就能提供性價比最高的會議場地，而且還能拿到折扣，比用訂房網站還省時高效。雖然職位不高，但是公司的銷售同事都認為離不開她。這就是她相對於別人具有的不可替代性。

第二，擁有不可替代的成本，如公司培養你的成本（包括時間成本和金錢成本）。如果公司花費了金錢和時間培養你，那替換掉你的成本也會隨之增大，自然也就不會輕易讓你離職。

例如這些年發展迅速的新媒體行業，入行門檻並不高，月薪兩萬五千元，會排版、複製貼上的編輯在人才市場上比比皆是。假如月薪兩萬五千元的編輯辭職了，一星期以內公司必定能找到新人到職，就算找個新手從頭培訓，不用一個星期就能上手。

但如果是資深主編，有持續創作點閱率十萬以上熱門文章的撰稿能力，公司想要換掉再找新人，就不是一個星期和簡單的培訓就能搞定的。即使找到了能力相當的人才，也需要幾個月到半年的磨合期，甚至還有可能澈底打亂整個團隊工作節奏，影響品牌形象。這些都是轉換成本，也是你對於公司的不可替代性。

第三，擁有不可替代的價值，即你能給公司創造的「未來」價值。這一點很多人會忽略，因為大多數人只看過去和眼前，看不到未來。那麼如何判斷自己的未來價值呢？這就要看自己的成長空間。

創業公司需要融資的時候，投資人會對創業公司進行估值。估值不僅僅是看這家公司當下值多少錢，更看重這家公司未來的價值和增長空間。畢竟初期創業公司充滿了不確定性，眼前的可見資本只有幾個人、幾張桌椅板凳和電腦，如果未來市場發展空間不大，那麼動輒上億的資金只能打水漂。

延伸到個人身上，這個評估範圍就是公司沒有你，未來可見的損失。例如一家公司的兩個基層員工，一個是剛畢業的職場新人，年輕、愛學習、願意吃苦；另一個雖然在公司工作三十年，卻是得過且過的「老油條」。即便兩個人當前看似做的是一樣的工作，創造的價值相差無幾，但可以判斷：前者的未來價值更高，不可替代性也更高。

個人職場護城河之三：成本優勢

與企業的成本優勢不同，個人的成本優勢並非指薪水低就有優勢，而是企業花費在員工身上的成本，可以為企業帶來多大的收益。假如你每月的薪水是三萬元，但給公司創造的收益是一百萬元，這就比那些每月薪水三萬元，卻只能創造十萬元價值的人要更有成本優勢。這就是你的成本優勢護城河。

福特（Ford Motor Company）公司曾經發生過這樣一件事：二十世紀初，美國福特公司正處於高速發展時期，每一輛剛從生產線出來的福特汽車都有許多人等著購買。就在這個時候，福特公司的一臺電機出了問題，幾乎整個工廠的生產工作都被迫停了下來。公司緊急調來許多專家和技術人員反覆檢查，可是怎麼樣也找不到問題，更談不上維修了。面對巨大的經濟損失，福特公司管理層心急如焚。這時有人提議去請當時著名的電機專家斯泰因梅茨（Charles Proteus Steinmetz）來幫忙，也許能修好電機。

斯泰因梅茨到了工廠後，認真檢查了電機，然後用粉筆在電機外殼畫了一條線，對工作人員說：「打開電機，在記號處把裡面的線圈減少十六圈。」當技術工人半信半疑的按照他的指示進行改裝後，電機奇蹟般的修好了，斯泰因梅茨向福特公司索要酬金一萬美元。

在當時，福特公司最著名的薪酬口號是「日薪五美元」，這已經是很高的薪水待遇，以至於全美國許多工程師都為了這五美元從各地湧來。但福特管理層很輕易的接受了斯泰因梅茨的要求，並且重金聘請了他。原因也很簡單：畫一條線——一美元；知道在哪兒畫線——九千九百九十九美元。對於福特公司來說，斯泰因梅茨所能創造的價值遠遠超過他所要的價格，這就是他的成本優勢。

你可能會有所發現：對於企業來說，你的成本優勢不在於你「要得少」，而是在於你「創造得多」。對於能創造價值的人，哪怕「月薪五十萬元」都是低薪。而對於不能創造價值的人，即使不領薪水也會徒增公司的營運成本。

要積累足夠的成本優勢，靠的是強大的學習力和不怕失敗的行動力。成功的人往往都是善於學習並堅持不懈的人。不斷的去實踐，去挑戰更有難度的工作，這也是快速成長的

圖 5-6　打造個人護城河

必經之路。成功只會出現在努力拚搏實踐之後，而不會是靠想像就可以得到。

無形資產、轉換成本和成本優勢是每個將要走向職場或者初入職場的年輕朋友，都該積極去打造的核心能力，也是自己的職場護城河（見圖5-6）。當你築牢了個人的職場護城河，一定會收到優秀企業拋來的橄欖枝，通向美好的職業未來。

做一個終身價值投資者

影響美國一代人的心理勵志書——《心態致勝》（*Mindset*）的作者指出，成功的思維模式在於「成長型思維」，而與之相反的是「固定型思維」。具備成長型思維的人不認為能力是一個定值，而是需要不斷學習、不斷進化、不斷成長，才越來越好。然而固定型思維的人則輕視努力的價值，迷戀所謂的大團圓結局或者是成為人生贏家的定格畫面。諷刺的是，其結果往往事與願違。為什麼談到這本書呢？因為這一章的理念和成長型思維不謀而合。

在這一章，我們以價值投資為核心，分析了如何將之運用在工作選擇及個人創造上。這一章也是投資理念，和我們的個人生活結合得最緊密的一章。

價值決定價格，也許價格的漲跌會很緩慢，但永遠不會停滯。而在價格還沒有與你的價值相匹配的時候，你要做的就是讓自己成為一個成長型思維的人，不斷嘗試、穩定提升、快速修正。

一切事物的價值都在不斷變化，好公司能幫股東賺錢，是因為它源源不斷的為社會創造價值；好員工能不斷漲薪水，是因為他們為企業和市場創造價值；好的創業公司能不斷做大做強，是因為它們能為用戶創造價值。

投資投自己，理財理生活。希望在領會了價值投資的概念之後，不僅能夠懂得投資賺錢的邏輯，更能做一個終身價值投資者，將價值投資的思維運用於生活的各個方面，把自己這份獨一無二的貴重資產，經營得越來越珍貴，讓自己的價值越來越高。

第6章

超過四百萬人付費學習的財務自由課程

1 終身財富計算法，看看你一生能賺多少錢

上大學時，我和身邊的很多同學一樣，對錢沒有概念，過著無憂無慮的優哉日子。後來，我讀MBA時和一位美國同學聊天，他告訴我：他和他的兄弟姐妹在十八歲那年就被父母「趕」（他用的詞是「kick off」）出家門，自己謀生，從此被迫經濟獨立。他還感慨：在中國真是不可思議，上大學也就算了，很多人居然讀研究所，甚至工作了以後，還在花家裡的錢。

其實在我看來，沒有人天生願意花別人的錢，但只有經濟獨立才能與尊嚴畫上等號。無論你是天生貴族還是普通平民，只要是從別人手裡拿錢花，就會受制於人。

我在JA中國（按：Junior Achievement，青年成就組織）工作的時候，曾經接觸到中國最大的富二代群體。在很多人眼裡，富二代應該是最幸福的人群了吧？他們含著金湯匙

出生，物質上有最好的享受，精神上能接受最好的教育。然而接觸下來我發現，他們普遍幸福感並不高。第一個原因和經濟學中的「邊際效益遞減」有關。

錢的問題，迫在眉睫

一個年薪五十萬元的人，透過努力在大城市買房，可能會覺得非常開心和滿足。然而一個年薪一億元的人，即使他在北京買十間房子，也不會有更大的幸福感。

第二，他們雖然有錢，但經濟卻不獨立。因為他們所有的經濟來源往往需要以對父母言聽計從為代價，這種「自己的人生被別人掌控」的剝奪感，讓他們既茫然又空虛。

看到這裡，可能有人會說：「財務規畫也要等到有錢才能做吧，我沒錢，每月生活費都不夠，規畫還有什麼意義呢？」有這樣想法的人還不只一個，至少我當初也是這麼想的。但後來我發現，正是因為這樣想，所以才會一直都沒錢。

這不是一個「雞生蛋還是蛋生雞」的問題，而是思維改變生活的現實。正視金錢，和金錢成為一生的好朋友，才能讓我們更有自信去追求多姿多彩的生活，才能讓我們在應對生活突發事件、更換職業跑道等狀況中從容不迫。也只有這樣，我們才更有機會去實現財務自由。

終身財富總值

也許你現在還沒有穩定的收入或是收入不高，但即便有了固定的薪資收入，你有沒有認真想過：如果只靠薪資，這一生總共可以賺多少錢？我們可以一起來算一算。

假設你二十五歲開始工作，月薪為兩萬五千元，你一生無波折，既沒有中兩千萬元的彩票，也不曾因父母欠債被迫要還巨額高利貸，一切都平穩的發展。

目前的退休年齡是六十歲，所以你總共有三十五年可以工作。假設你的薪資是線性增長的，每年可以增長一〇%。那麼，你最開始的年收入是二十二萬五千元（為方便計算之後增長薪資稅率，所得稅一律以二五%計），但別小看每年只有一〇%的增長，到了六十歲那年，稅後年薪將到達六百二十萬元左右（這是高階主管級別的年薪，但很多人終其一生都達不到）。

然後，我們用一個簡單的Excel表格可以算出：你從二十五歲到六十歲，總共可以賺到六千五百六十萬元。我們用一個名詞定義它，叫「終身財富總值」（見第二〇二頁圖6-1）。

終身消費總額

計算過收入之後，我們再算一下這輩子可能的支出。為了計算簡便，我們以平均壽命八十歲為準。在這八十年當中，我們的食衣住行處處都需要花錢。

我們以一個生活在大城市的普通白領階級為例，來看看她這一生到底會花多少錢？在這裡，我們按照現行的物價水準大致計算了一下（見下頁圖6-2）。

從這張圖中可以看出，作為一個生活在城市的普通上班族，即便是沒病沒災、精打細算的度過一生，也要花掉五千萬元。當然，圖中的買房、買車等消費，是按照比較低的標準來計算的。如果按照目前的房價水準，總體費用還要更高。

這相較於你的人生總收入六千五百六十萬元來說，好像還有結餘一千多萬元。但是我必須提醒你，這是建立在每年薪水上漲一〇%的基礎上的。按照假設，你的稅後最高年薪高達六百二十萬元，這基本上是大公司CEO或者高階主管的年薪了。假設你的薪水上漲得沒這麼快，每年上漲八%，在你六十歲的時候，稅後年薪是三百二十萬元。那麼你的人生總收入就只有不到五千萬元，跟你的總支出就幾乎打平了。

更進一步說：如果你的薪資每年上漲只有五%，稅後最高年薪只有一百二十萬元，那你的人生總收入就只有兩千萬元了，有接近三千萬元的缺口。換句話說，如果你不是世界

	薪資收入
最低年薪	22.5 萬元
最高年薪	620 萬元
終身財富總值	6560 萬元

圖 6-1　終身財富總值估算

年齡層	支出項目	費用	合計
23 歲 -30 歲（青年期）	房租	12 萬元 / 年	96 萬元
	吃飯	12 萬元 / 年	96 萬元
	娛樂費用	2 萬元 / 年	16 萬元
	買車	60 萬元	60 萬元
	車輛維護費	8 萬元 / 年	64 萬元
	交通費	1 萬元 / 年	8 萬元
	衣服、鞋子、包包	3 萬元 / 年	24 萬元
	結婚費用	60 萬元	60 萬元
31 歲 -60 歲（中年期）	買房	1500 萬元	1500 萬元
	裝修費用	100 萬元	100 萬元
	孝敬父母	10 萬元 / 年	300 萬元
	生育費用	50 萬元	50 萬元
	日常消費	24 萬元 / 年	720 萬元
	育兒費用	50 萬元 / 年	1500 萬元
61 歲 -80 歲（老年期）	醫療費用	50 萬元	50 萬元
	旅遊費用	50 萬元	50 萬元
	日常消費	24 萬元 / 年	480 萬元
總計			5174 萬元

圖 6-2　一線城市普通白領的終身消費總額

前五百強的高階主管，人生的錢就不夠用了。

也許有些人會說：我的薪資肯定不只這點、我的人生不會花這麼多錢。那麼我想告訴你一個更壞的消息，我們還沒有計算通貨膨脹率。目前的通貨膨脹率是六％到七％，也就是說，就算是按照之前一〇％的薪資增長來計算，考慮通貨膨脹率後，實際薪資的增長連五％都不到，你很有可能面臨入不敷出的境地。

終身財富總值＋理財能力＝實現財富爆炸

當然你也無須擔心，因為你並不是只能有薪資一項收入。如果你學習理財知識，相當於玩遊戲給自己增加了能力值，你的終身財富總值也會跟著增長。

還記得我們前面講過的複利效應嗎？假設你沒有把賺到的收入留出一部分存起來，而是用來投資賺取收益，那麼結果又會如何呢？

仍以前面的假設來舉例：如果你從大學畢業開始，每個月堅持拿出一千五百元進行投資，經過六十年後，按照年化收益率八％的標準，你的財富總值將增加到兩千四百萬元；如果你懂一些理財技能，能將每年收益提高到一〇％，你一生能賺到的錢就上升到三千五百萬元；如果每年收益能夠到達一五％，那麼你在八十歲時的終身財富總值高達六億元（見

理財年收益率

	8%	10%	15%
每月投入金額	1500 元	1500 元	1500 元
最終收穫總值	2400 萬元	6000 萬元	6 億元

圖 6-3　不同理財收益率下的終身財富總值

圖6-3）。

在這裡，你可以明確的看見利用理財，可以打破收入「天花板」，彌補薪水線性增長的不足。我們仍以股神巴菲特為例：事實上，巴菲特九九%的財富都是五十歲以後獲得的。複利的作用在剛開始可能微乎其微，但越到後來越會像滾雪球一樣勢不可擋（見左頁圖6-4）。

所以，學習一些財商知識，掌握必備的理財技巧，對於每一個年輕人來說都是非常必要的。它可以使你在走向職場時更加從容，有自信選擇自己真正喜歡的工作，而不是為了一點薪資的差別而喪失自我。它也能讓你在追求理想的過程中更有力量，沒有為錢犯愁的後顧之憂。在這裡，我分享胖子的真實故事，他從身無分文到存下了五百萬元。

胖子曾經是一個就讀財會科系的普通大學生，家庭經濟條件也很一般。和大部分大學生一樣，他每個月有一萬元的生活費，生活水準算是中上。但與其他的「月光族」大學生不同的是，他每個月限制自己只花八千元，剩下兩千元存

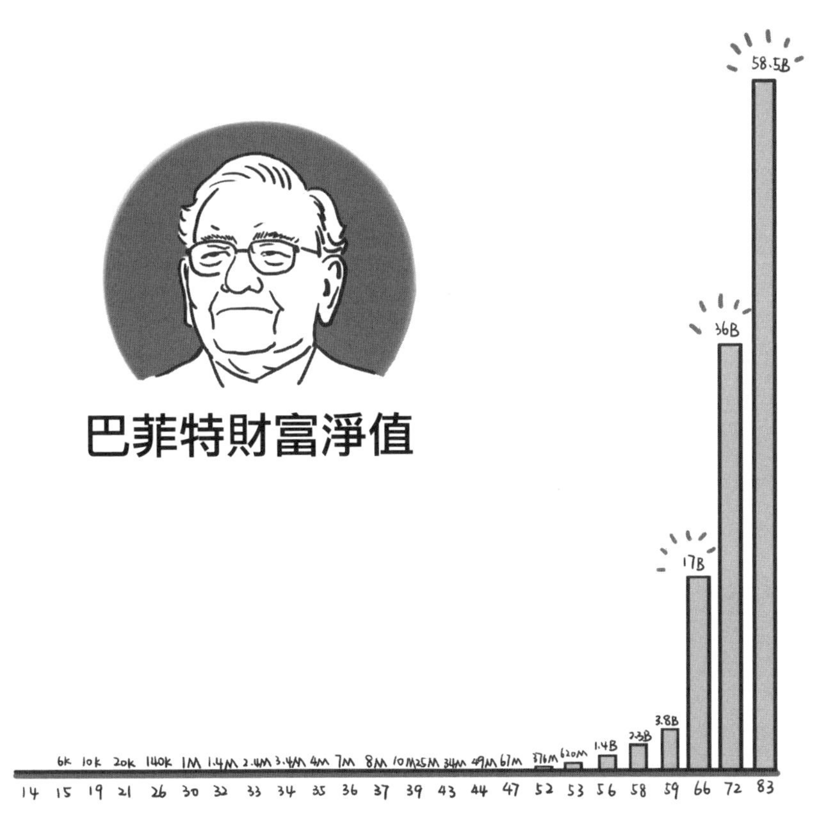

圖 6-4　巴菲特的財富淨值

著，一個學期剛好存夠一萬。重點來了，這存下來的一萬元他不玩也不花，而是買股票。他的做法是把股票帳戶當成了他的存錢筒——買平穩的銀行股，用定期投入的方式進行儲蓄。

胖子很擅長存錢，而且在過程中並沒有給人摳門，或者捉襟見肘的感覺，遇到好事也會請兄弟們吃飯，平時的生活條件也都和大家相似。不過他似乎總是能在生活中，找到些高性價比的東西，並擅長量入為出。

電腦是大學生的必備品，

當時大部分同學都是向爸媽要錢買，而且一般都是買好幾萬元的新電腦。但他卻在大四學長離校前的跳蚤市場上，花了三千元買了個外觀、性能頗為不錯的電腦，人家還多送他一把椅子。而且這臺三千元的二手貨用完三年以後，還被他以兩千元的價格給賣了。類似的事情在他的生活裡數不勝數，錢就是這樣一點點存下來的。到了畢業前夕，胖子的小金庫裡累積的錢超過了十萬元，這還不包括他每學期買到的那些股票。

當開始工作以後，胖子更加「變本加厲」的存錢。當朋友都在網路上晒新車、新房、新款 iPhone 的時候，他跟老婆兩人還是住在租來的小房子裡，每天上下班騎著破舊的自行車。但是他每年存下的錢加上股市裡的資產，比一般人不知多了多少倍。

後來，胖子遇到一輪牛市，資產突然增加好幾倍，最後在他工作將近第五個年頭時，終於實現了當初的小目標——五百萬元資產。

到這裡，你應該已經明白了財務規畫的重要性，也許你還會問：可是我現在一分存款都沒有，我的經濟來源還都只能依託於別人，我該怎麼去做規畫呢？

2 不同階段的財務規畫，要攻也要守

我曾經聽過一個段子，說「中國式父母」對待子女是「大學前禁止早戀，畢業後催著結婚」，言下充滿了調侃和無奈。但你要知道，在父母這一代人的生活軌跡中，基本上都是「到什麼年齡就做什麼事」，他們的人生像一列穩步前進的火車，一站接著一站。而我們這一代因為科技和人類文明的進步，生活選擇可以更加多元，猶如在宇宙銀河中徜徉的飛船，也可能有意想不到的發現。但這並不意味著財務不能提前規畫，有了扎實的經濟基礎做支撐，如同給飛船準備了充分的燃料和安全保障，能夠讓你飛得更高、更遠，探索人生的無限可能。

在不同的人生階段，將會面臨不同的選擇，重要的是提前做好準備。按照不同時期的財務需求，將人生分為四個階段：思維成形期、快速增值期、穩如泰山期和笑看人生期。

第一階段：思維成形期。

年齡：十八到二十二歲。

財務需求：旅遊、學習、戀愛。
財務攻略：開源節流，不負債。
保底存錢法：每月存下一千元。

一般而言，十八到二十二歲是很多人的大學階段，開始感受到青春的無限美好。經歷了十幾年的寒窗苦讀，脫離了大考的束縛，終於迎來掌握命運的人生新篇章，各方面需求空前強烈：戀愛、交友、學習、旅遊、體驗人生……但無盡的需求面對有限的資源，難免會感到限制和沮喪。你在財務上還沒有自主權，與父母依然保持著割不斷的「臍帶關係」，既渴望自由獨立，但往往又缺乏獨立經濟能力。

在這個階段，最值得投資的是自己：首先，早人一步擁有理財思維。知道如何用有限的時間積累個人價值，並且開始啟動複利的小小槓桿，這樣就已經領先同齡人一大步；其次，做好開源節流。年輕是最珍貴的資本，你可以去挖掘自己的興趣和專長，並且努力變現，積攢自己的第一桶金，為不久之後的畢業做準備。

最後，切忌不要負債。享受青春並不意味著肆意揮霍，你可以勇敢的旅遊、戀愛、體驗生活的美好，但這要在個人的能力範圍內。收入有限的你不要在這個時候讓自己背上負債，更不要指望父母幫你擦屁股，獨立自由的第一步便是對自己的人生負責。

借鑑前文胖子的案例，你在畢業那天手上至少要留有半年的房租。如果你所在的城市房租平均水準是每月九千元，那麼你至少要留有五萬四千元的存款，這樣能保證你在大學畢業，到找到心儀工作前這段時間，財務上有個平穩的過渡期。而且存下這筆錢並不難，如果你每月存下一千五百元，大學四年共四十八個月，也就可以達成了。

第二階段：快速增值期。

年齡：二十二到三十歲。

財務需求：租房、轉職、創業。

財務攻略：有攻有守。

保底生財法：每月投資兩千元。

二十二到三十歲是每個人職場生涯的黃金時期，也是個人收入的快速增長期。這時你花錢的地方會突然增加。除了基本的生活開銷，還有大量的人際消費，同時各式各樣的享受也在誘惑著你：出國旅遊、買名牌鞋包……雖然你已經開始有了薪資收入，但每個月的帳單也會變得越來越長。

同時，你也許還會為了工作努力加班到深夜，回家面對簡陋的出租房而嘆息沮喪；你也許會因身邊的人升職加薪比你快而憤憤不平，你也許會發現社會的階層固化，比你想像得還要殘酷。

但一切言之過早，要知道：人生如同一場馬拉松，先在前期做好累積，人生的下半場才能從容應對。在這個階段，自我投資仍然是最重要的事，薪資是你主要的收入來源，在財務上最重要的是做到「有攻有守」。

首先是進攻。在自我增值上，不要吝惜學習、考證照等投資自己的花費，凡是對你的工作升遷有幫助的都是值得的。至於一些奢侈的享受，和昂貴的衣服鞋包，最好不要過度消費，把錢花在最關鍵的地方。

在理財投資上，你可以嘗試股票基金中偏高風險、高收益類型的投資。要知道，投資市場每五到十年一個牛熊市的輪迴，你無法提前精準預見，但你可以做好準備以待來年。

其次是防守。在這個階段，你的機遇與挑戰並存，你也許會換幾次工作、搬幾次家，甚至去幾個不同的城市創立自己的事業。所以在三十歲之前，給自己買足保險是非常重要的。保險越年輕的時候買越划算，並且能保障你後續二十年、三十年的人生。

另外，你還需要準備一筆資金，讓你無懼各種變化。可以霸氣的和不值得的工作說「不」，不在錯誤的地方荒廢人生。這筆預備金需要能支撐你三到六個月的生活支出，讓你即使短時間內，找不到下一份工作也不用著急。

第三階段：穩如泰山期。

年齡：三十到五十歲。

財務需求：結婚、買房、育兒、醫療教育。

財務攻略：轉攻為守，攻守結合。

保底投資法：高低風險五五分。

這一階段或許對現在的你來說距離還很遠，但提前了解並沒有什麼壞處。三十到五十歲是在社會被調侃最多的「中年危機」階段——上有老、下有小，子女教育加上醫療，生不起病、辭不起職、任何意外都能掏空錢包。而這個階段最重要的就是穩，生活要穩、事業要穩、財務狀況更要穩。那麼如何才能保證幸福的後方穩固呢？答案是以「守」為主。

守衛一：買足、買對保險。無論你三十歲之前是否買足了個人的醫療、意外和人壽保險，到了這個階段必須給自己配齊、配足。因為人到了中年，身體、健康和精力都開始在走下坡路，而生活的負擔卻越來越重。假如沒有足夠的保險作為安全基礎，一旦出了問題，就很可能會讓家庭一夜破碎。

也許有人會說自己的公司福利好，保險配得很齊了，但其實「錢到用時方恨少」，許多重大疾病或者意外發生後，光靠勞健保是遠遠不夠的。保險的主要作用就是以小博大，平時少投入一些，到了需要時就可以發揮出巨大的作用。在買保險方面，一定要先給自己和主要的家庭經濟支柱買齊、買足，而不是一味只考慮孩子和老人。

守衛二：事業要穩。在這個年齡階段，如果不是必須，就盡量減少跳槽或者轉行的次數，尤其不要為了幾千元就貿然變換工作。如果真的要跳槽，那一定要將利弊得失進行全面分析，再進行理性決策。而且在財務規畫方面，也一定要將變換工作前後的生活費用準備好。一般來說應該準備出足夠整個家庭半年（或一年）正常開銷的資金，以保證家庭生活不受影響。

守衛三：投資理財要穩。所謂的投資理財要穩，就是說除了投資一些基金和股票，這類具有較大波動和較高風險的理財產品外，還要配置足夠的銀行存款以備生活之需。例如這個階段必須給孩子留足教育金，以滿足孩子上大學或留學的需求。還要提前準備好家人的醫療費，以備不時之需。

總體來說，這個階段的理財方式以穩健為主，風險類投資產品與銀行存款類（包括現金）的比例可以各占五〇％。

第四階段：笑看人生期。

年齡：五十歲以上。

財務需求：養老、享受人生、健康醫療。

財務攻略：穩健投資，提防陷阱。

保底投資法：多留現金，保本為上。

經過大半生的職場拚搏，這時候的你可能要面臨退出職業生涯，開啟新的人生旅途了。對於這個階段來說，收入已經不再增長，甚至一些人的收入會因為退休而驟減。雖然生活消費和支出項減少了，但健康和休閒卻成為支出的主要項目。同時，一些老人可能還承擔著為子女結婚、買房而支出的重擔，所以這個時候的財務規畫要以保守為主。

進入老年階段，在投資理財方面盡量以銀行存款，或者保本理財產品為主，對於回報週期長的股票、房產、基金等產品，盡量少涉及。同時，還要警惕各種詐騙套路，防止損失自己的養老錢。最後，這個階段一定要定期體檢，保持身體健康、心情輕鬆，讓自己度過最美的夕陽紅。

3 下個富翁就是你，認識投資金字塔

到這裡，我們已經把人生的每個財務階段都做了基本的分析，你應該能發現：前期的積累非常重要，當下就是最好的開始時間。正如荀子《勸學篇》中講到的：「不積跬步，無以至千里；不積小流，無以成江海。」理財不難，功在鍥而不捨。

那麼，如何開始呢？這一節，我們分為四步來介紹如何做財務規畫。無論你是仍在學校讀書，還是已經進入職場工作，都會從中獲得啟發。

第一步：盤點財務狀況

我們在第二章介紹過資產負債表，盤點財務狀況的最好方法就是透過資產負債表。下面我們以小強的資產負債表（見左頁圖6-5）為例來簡單回顧一下。

從小強的資產負債表中我們可以很清楚的看出：小強目前的資產包括活期存款和基金，一共是兩萬五千元，負債只有欠同學的五百元，所以他的財務狀況是比較好的，擁有

資產項		負債項	
現金		消費性負債	
活期存款	10000	信用卡	0
定期存款	0	欠朋友	500
短期理財	0	現金借貸	0
貨幣基金	10000		
債券	0		0
基金	5000		0
股票	0		
外匯	0		
合計	25000	合計	500
淨資產	24500		

圖 6-5　小強同學的資產負債表（單位：元）

個人淨資產兩萬四千五百元。

如果你也嘗試列出自己的資產負債表，會是怎樣的狀況呢？是跟小強一樣無債一身輕，還是負債累累，甚至全靠借錢度日？如果是後者，當下開始認真反思自己的財務問題是最明智的選擇。

盤點完自己的資產和負債情況，你還可以從以下三個方面對自己的資產和負債情況進行更細緻的評估。

消費比率：低於九〇%：及格，低於五〇%：優秀。

消費比率是指支出占總收入的百分比。對於一個大學生而言，每月父母匯來的生活費是八千元（以大多數同學的情況為參照），每月兼職賺兩千元，如果每月的消費也是一萬元，那麼這名同學的消費比率就是：一〇〇％（10000÷10000），這就是典型的月光族。如果他每月只消費五千元，那麼他的消費比率就是五〇％，屬於比較優秀的。而對於一個有收入的職場白領來說，扣除每月房租、水電、日常開支等固定消費之後，如果還能有超過五〇％以上的薪資結餘，就非常不錯了。

不過話說回來，我們既不能讓過度消費或負債影響我們賺取投資收益，也不能只存錢不消費，影響生活品質。所以，將消費比率控制在四〇％到六〇％，存錢和享受生活兼顧，這才是比較健康、合理的。

而如果仍然覺得影響生活品質，不妨給自己的消費定一個及格線——九〇％以下，也就是每月一定要存下一〇％，這並不難做到。長年累月，聚沙成塔，在某天你會發現：它能派上大用場。

儲蓄比率：大於一〇％：及格，大於五〇％：優秀。

儲蓄比率是指月收入減去消費之後，占總收入的百分比。事實上，就是用一減去前面算出的消費比率，數值自然也是對應的。

你或許會問：消費比率和儲蓄比率對於所有階段都適用嗎？如果以後收入增加了，也可以用這個比率數值來做參考嗎？

是的。如果你現在是學生，還沒有收入或收入不多，你在學校住宿，住宿費用和吃飯的費用都很低，想存下錢並不難。而如果你開始工作，相應的房租和生活成本都會提高，按照四〇%到六〇%的儲蓄比率要求自己，既可以給自己一些挑戰，又不會影響正常生活。同時，一〇%是底線。時刻牢記，收入再低也要留出積蓄。

負債率：低於三〇%：及格，等於零：優秀。

負債率是指，總負債除以總資產得出的百分比。我始終認為，年輕的朋友最好不要有負債。如果迫不得已產生了負債，要保證讓自己有能力償還。

現在很多人為了個人虛榮心，大量使用信用卡，預借現金用於個人消費，這種行為要強烈反對。這些信用消費紀錄只要逾期還不出來，就會被直接計入個人信用，而且還要收取高額的滯納金和手續費。還有人冒著生命危險借高利貸，甚至被逼走上不歸路。這些行為無異於「與虎謀皮」，堅決不能觸碰。

對於每個人、每個家庭而言，負債率是資產健康狀況的指標。有債務不是問題，但是千萬一定確保有能力按時歸還。

第二步：儲蓄，擁有你的第一桶金

提到理財，很多同學都會說：理財，首先要有財啊！我都沒有錢，拿什麼理？然而這更像一個「雞生蛋還是蛋生雞」的問題，如果你不理財，哪裡會有財？只有開始理財，才會有財。

《下個富翁就是你》（*The Millionaire Next Door*）中有一句話：「節約是財富積累的基礎。」也就是說，即使你現在的淨資產是零，你需要做的也必須是存錢，積攢自己的第一桶金。

對於大學生來說，每月拿到家裡匯來的生活費時，要做的第一件事，不是立即買下心儀已久的衣服，也不是歸還欠同學的五百元，而是先拿出兩千元（甚至是五百元）存進定期帳戶裡，讓它開始為你「生錢」，然後再考慮用剩下的錢做不同的消費。正如《伊索寓言》裡面的故事：有了金鵝，才會得到金蛋。你存下的這兩千元就是你的金鵝。

我們都知道，雖然儲蓄說起來容易，但是做起來沒那麼簡單。雙十一打折，此時不買更待何時？心儀的女神願意和我約會，不吃一頓燭光晚餐有點說不過去！放假了同學都去旅遊，我不去是不是顯得太慘……其實，影響我們存錢的，歸根結柢就是消費。為了能夠更好的實現儲蓄，可以參照以下兩步來實現。

首先，樹立一個存錢小目標。前面我們提到，建議大學生在畢業時，戶頭裡至少需要留下六個月的房租，大約五萬元，這就是一個很具體的目標。在此目標之下，你可以往前計算，推導出具體的執行方法。例如，假設你現在距離大學畢業還有三年，即還剩三十六個月可以存下這筆錢。用五萬元除以三十六，就是每個月存一千四百元，每天差不多五十元。你可以在每月領到生活費之後，就把這筆錢存入定期。除了每次存錢時使用這個帳戶，其餘時間都要當作這個帳戶不存在。日積月累，你就會驚嘆原來自己存下了這麼多錢！

其次，打敗誘惑你消費的心魔。這裡我們介紹兩個特別有用的消費法：一是斷捨離購物法；二是體驗式購物法。

第一，斷捨離購物法。「斷捨離」這個理念源自日本作家山下英子的《斷捨離》這本書，並且由此還衍生出「時間管理術」、「自我管理法」、「家庭收納法」等方法論。我也運用過《斷捨離》中的整理方法，看著家裡的空間變大、窗明几淨的樣子，非常開心和滿足。

「斷捨離購物法」也是一樣，如果想買一件東西，做法是先放入購物車，過三天以後再看一看，如果沒那麼想要了，直接清空；準備下單之前，再想想如果要用斷捨離整理術，還會留下它嗎？如果不會，那就刪除吧。

我認識一個大學生曉曉，她省錢的方法很相似，不過叫做「搬家購物法」。她在香港上大學時，學校宿舍每年到暑假就要求學生搬空，因為暑期宿舍會作他用。於是每逢六、七月分，都能看到學生一個個灰頭土臉的拖著行李箱、臉盆、旅行袋等東西，相當狼狽。曉曉體驗過一次之後再也受不了了，索性每次買東西時就想到搬家的情景，逛街逛得也少了，反而把注意力轉移到游泳、跑步以及和朋友交流上，身體和人緣也越來越好。每到暑假，當她提著簡單的行李看著其他人忙前忙後搬家時，感覺自己身輕如燕。

第二，體驗式購物法。英國著名心理學教授理查德·懷斯曼（Richard J. Wiseman）提出：錢真的能買到快樂，但要看你買的是什麼。消費一些體驗式的東西，如旅遊、美食等，雖然體驗過後看不見摸不著，但會留在你的記憶深處，讓這份快樂凝結成一個記憶球，永久回味。而如果消費的是化妝品、衣服、包包這類實物，反而會讓自己的快樂隨著東西的變舊而變成厭棄。所以：「多製造經歷、少留下實物」是一個不錯的辦法。

第三步：認識投資金字塔

現在你已經知道如何存錢，那麼有了初始資金之後，該投資什麼讓錢滾錢呢？

首先，你必須清楚：理財投資並不是拿錢買檔股票、基金就可以。要想能夠賺到錢，必須先建立自己的理財體系。這個理財體系就如同一個金字塔（見左頁圖6-6）。在這個金

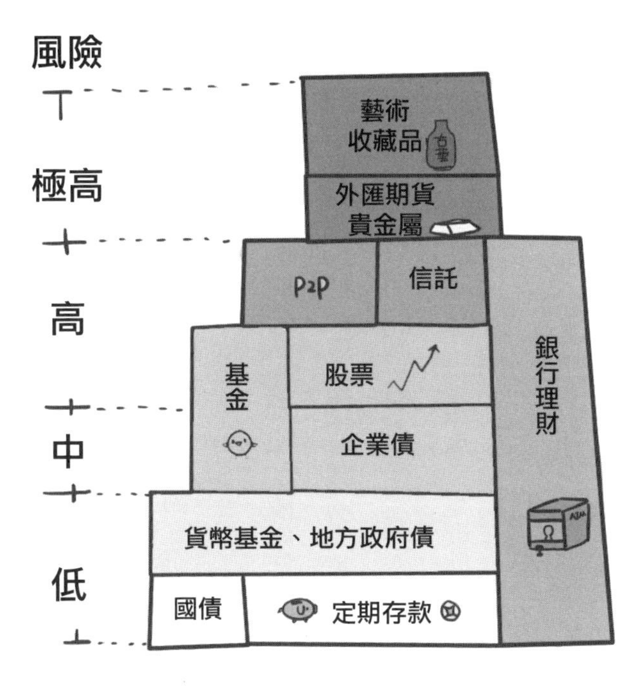

圖 6-6　投資金字塔

字塔裡，越靠近底端，風險和收益越低；越接近塔尖，風險和收益就越高。這樣你才會對市面上的投資品項有初步的了解。

在這座投資金字塔中，投資品項又可以分為五類，這種分類方式或許不那麼科學，但會有助於你了解用錢滾錢的概念。

第一類：借錢給仲介，倒買倒賣，贏取差額。代表產品：銀行、信託。

這類投資品項是透過找到「錢的投資仲介」來賺錢。例如租房子時，給你介紹房源的人並不是真正的房東，而是仲介。他們把很多房東的房源聚集在一起，這樣你更容易找到滿意的房子，房東也更容易出租房子。當然，仲介做了這麼多肯定是要收取手續費的。

銀行儲蓄就是最典型的類型。為什麼把錢存到銀行裡會有利息？這利息是從哪裡來的？我們可以拿豬肉和豬油來比喻，如果你手裡有一塊豬肉，把它交給別人，等別人再還給你時，對方手上會留下一層豬油。對於銀行存款來說，儲戶交給銀行的錢是「豬肉」，如果定期存款年利率為三%，貸款年利率為六%，中間這個三%的利息差是「豬油」，被銀行賺走了。

除銀行外，像民間高利貸和小額信貸公司，也是利用這種賺錢的原理，都是匯集了很多人的錢，然後再把錢借給需要錢的人，以賺取中間差額。只不過，與銀行相比，民間高利貸和小額信貸公司的利息要更高一些，風險也更大。

投資這一類的項目，最重要的是要關注中間投資人的品質，他們把錢都借給了誰？那些借錢的人能不能還得了欠的錢和利息？不能只把目光放在收益上。

例如銀行儲蓄，銀行一般都借給有固定資產抵押的大型企業，借款還不出來的情況比較少，因此風險就比較低。而民間高利貸是借給那些急需用錢，且有高額投資回報的個人或公司，因為沒有直接的抵押，借錢人的水準也良莠不齊。如果遇到大環境不好，整個經濟下滑，就比較危險了，這會直接影響到你的收益，甚至本金也會受到損失。

第二類：需要錢的人直接和你借錢。代表產品：債券。

這一類投資品項也很簡單，是指買賣雙方直接達成交易，無中間商賺差價，如國債、地方債、企業債等，這些都屬於債券。「債」字前面的就是借錢的一方，如國債是國家向你借錢，地方債是地方政府向你借錢，企業債是企業向你借錢。

這一類投資主要看借款人的資質。例如國債，幾乎被認為是無風險的，安全性相對較高。而投資企業債就要看企業資質好壞了。

假設一樣是開餐廳，現有A企業債和B企業債，A同學是遠近聞名的廚師，很勤勞，生意也很好，只是擴大規模需要借點錢，那就值得借。而B同學是開麻辣燙店，上個月剛出現原材料不新鮮，被客戶投訴的事，但B同學還想快速擴張，因此借錢來開新店，那是否值得投資就需要謹慎考慮了。

A同學和B同學的情況在真實世界中非常普遍，因此投資企業債不能簡單的只看收益高低，還要看企業的資質、融資的目的以及風險性。

第三類：成為部分資產的所有人，但是不參與經營，簡稱「股東」。代表產品：股票。

這類投資品項的代表就是股票。我們在第五章已經了解到，股票代表著公司，想透過股票賺錢就要找到好的公司，並且在這個公司價格比較便宜的時候買入。當然要用適當的方法來判斷價格，不能盲目聽信不實消息或傳聞。

舉個簡單的例子，假如你有個同學家裡是開餐廳的，這段時間，政府開始在他家餐廳旁邊建設地鐵，路有些難走，所以吃飯的人少了很多。這時他邀請你入股，以比較便宜的價格給你。經過考慮後，你認為地鐵在半年內會修好，而且會給餐廳帶來更多客人，因此覺得很划算，就決定投資入股，成為股東。這樣的判斷就已經考慮到了公司的經營情況，比那些只關心傳聞和收益就買入的投資者，賺錢的機率會高很多。

第四類：成為該資產所有人，預測未來漲跌。代表產品：黃金、期貨、房地產。

這類投資品項的代表是黃金、期貨、藝術品收藏、房地產等，在這類投資品項裡，賺錢的來源不是利息或分紅，而是買賣差價。

以購買燕窩為例，小強聽朋友說，燕窩一定會隨著政府採集的限制而漲價，於是他就果斷買了。接下來可能會有兩種情況發生。

情況A：一年之後，燕窩因政策限制很難進口，因此各個管道均以高價收購燕窩，小強狠狠的賺了一票。

情況B：一年之後，環保組織呼籲抵制吃燕窩，各餐廳紛紛下架有燕窩的菜，小強的燕窩都在倉庫裡壞掉了，投資的錢也打了水漂。

這類投資品項並不是穩賺不賠的。不論是燕窩、房子還是其他大宗商品的期貨市場，如石油、天然氣、黃金等，它們跟股票的不同是：股票背後的邏輯是公司的經營，公司盈利了，你就賺錢。而這類投資品，更多的是靠著外部因素，如政策、市場等，像戰爭會使石油和黃金漲價。這些都是外部的影響因素，和投資品項本身關係不大。所以對於這一類的投資，需要注意哪些因素會影響價格，然後進行綜合判斷。

蔡康永曾寫過一本書——《你買這個做什麼？：蔡康永和買畫的朋友們》。這本書主要講的是藝術品投資，向外行人解釋了影響藝術品價格的關鍵因素。例如這個藝術家的作品是否為大家所熟悉，題材和特點是否比較特別，這個藝術家所在的國家是否正在經濟起飛等。

藝術品投資對於資金的要求比較高，同時也需要投資人有很高的藝術鑑賞力，通常不適合投資新人或者外行人進入。如果你對這方面的投資感興趣，可以一邊積累資金，一邊學習藝術品鑑賞的技巧，不斷擴展自己的能力圈。

第五類：前四種集合。代表產品：基金、理財產品。

最後這類投資品項是我們日常聽到的比較多的——基金和銀行理財產品。其實，銀行理財和基金一樣，在金字塔上都是縱跨幾級的，風險很不好界定。市面上大部分銀行理財產品和基金可以算在第五類，是以上四種類型的組合，就看各自的成分比例了。如果你投資銀行理財和基金這種產品，你投資的並不是單一的產品，而是一種組合。組合裡既可能有高風險的股票，也可能有低風險的債券。而且不是帶著「銀行」兩字就一定安全。

「招商」銀行就曾在理財產品上出現過負面事件，銀行經理向客戶推薦理財產品，結過讓客戶虧了近百萬元。這是因為銀行理財產品會有各種項目，有可能是保險產品，也有可能是基金。購買時一定要看清楚紙上的產品明細，再決定要不要簽字投資。

到這裡，五種投資品已經介紹完了。擁有一個投資體系的概念後，就會更加清晰了。總之，在投資的世界裡，**不明白的事情千萬不要去做，不懂不可怕，不懂裝懂才最糟糕。**弄明白投資背後的邏輯，精心計算風險和收益，並且用知識和耐心，換回最後的收穫。

遠離財務兩大陷阱

前段時間我聽到一個段子，是這樣說的：「自從學了理財，懂得雞蛋不要裝在一個籃子裡，聰明的我把資金分散到八個 P2P（Peer-to-Peer Lending，網路借貸）平臺。結果現在所有的受害者自助會裡都能看到我的身影。」

陷阱一：P2P。

這兩年，P2P跑路的新聞不絕於耳，許多經營了多年的平臺也舉步維艱。導致大量投資P2P的人遭遇受害。於是，大家才反應過來：原來P2P也是有風險的。

其實P2P源於美國，它的主要交易過程是：假設A想用錢，需要借錢，B有錢，這就有了需求和供給；然後P2P平臺審核雙方資質，進行撮合；B借給A，A解決了用錢需要；B拿到了利息，平臺收交易服務費。各取所需，皆大歡喜。

後來，P2P也在不斷的發展，由最初的純資訊仲介逐漸拓展業務，做擔保、銷售自己的理財產品等。而這個時候你再把錢借給P2P平臺，就有一定的風險了，因為你不知道錢實際借給誰了。雖然許多平臺都說自己有正規資金管理，但並不能保證投資標的不出問題。很多時候借款人的信用狀況沒法進行有效的評估。如果真的出現資金虧損，也沒有很好的追討系統。

還有的平臺借著P2P的名義搞投資和房地產，甚至各種騙局，不斷吸收普通投資人的錢用於個人消費，最終導致資金鏈斷裂。很多人投資時只關注投資收益，甚至只投高收益的平臺，最後虧損了，平臺也「跑路」了，搞得自己「竹籃打水一場空」。

所以，無論是平臺自身經營的問題，還是道德層面的惡意欺騙，P2P的確屬於高風險的投資品項。對它不了解的朋友，千萬不要碰。

陷阱二：比特幣及類比特幣。

有一段時間，比特幣和區塊鏈話題大熱。有一次在公眾號文章上，我忍不住吐槽了兩句，立即有人跳出來說：你懂什麼？你懂程式碼嗎？你懂科技嗎？你懂未來嗎？我確實不懂程式碼、科技和未來，但我懂一點點金融和人性，所以對於比特幣以及類比特幣之類的其他虛擬幣，我有兩點建議。

第一點：在投資上，不懂的事情不要做。有人會反駁我說：區塊鏈這麼高端的技術，各路大佬甚至各國政府都參與，總不見得都是騙子吧？對，我沒說區塊鏈項目都是騙子，我只是說「投資上，不懂的事不要做」。所以，如果你想告訴我你「懂」之前，請先解釋下以下這些術語名詞：智慧合約、共識機制、非對稱加密、一致性演算法……如果你確實可以清楚解釋這些術語名詞，請記得我的第二點建議。

第二點：投資上，人多的地方不要去。「人多的地方不要去」一般是家長對孩子的囑咐，人多的地方是非多，最容易出危險。回憶幾年前上海外灘那場踩踏事故，正是因為慶祝新年，大量人潮擁擠到江邊導致的。同理，在追求熱門專案這件事上，先惦惦自己的分量。看看自己的能力圈有多大、資金量多少、內幕知道幾分，再看看別人，萬一有什麼事，有路可退嗎？

我身邊有個朋友投資過比特幣。他是金融博士，從響噹噹的常春藤院校畢業，還是專門做金融量化研究的資深技術人員。二〇一七年他投身比特幣大潮，花了幾十萬元，虧得一塌糊塗。最後他得出的結論是：比特幣交易量比較小，資金量稍微大一些就會引起市場異常波動。根據二〇一八年一月瑞士信貸銀行資料顯示，世界上九七%的比特幣掌握在四%的人手上，再加上沒有監管機構，做虛擬貨幣所需的投入遠比股市來得更容易。

如果你對於投資股票沒有信心，憑什麼認為一定能在比特幣交易上賺到錢？所以，假設你想投資沒有聽過的熱門項目，且不斷的被身邊的人的討論所影響時，請牢牢記住這兩點建議。

第四步：資產配置，動態平衡

在第二章，我們借助資產配置四象限的概念，來規畫時間配置。其實，資產配置四象限原則是美國標準普爾公司，根據全球十萬個資產配置穩健的家庭分析出來的。雖然它有不完善的地方，還不夠精準，但能幫助你對財務有一個大致的分類。

那麼，有沒有更實用、更簡單的方法呢？當然有。之前我們設定好的小目標，例如畢業之前要存下五萬元，而且可以具體拆解到每個月，每月應該存下的金額是一千五百元。但這一千五百元只能存銀行嗎？答案是否。

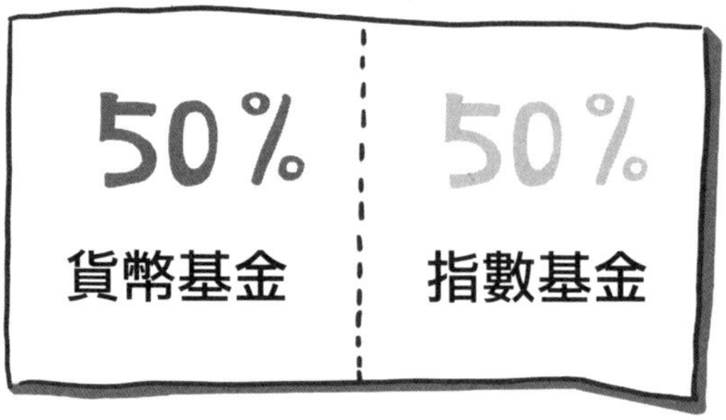

50%　貨幣基金

50%　指數基金

圖 6-7　50 ： 50 懶人投資法

第一，銀行的利率太低，每年不到二%的利率，遠遠不能滿足我們手上因通貨膨脹導致的資金縮水；第二，我們其實還有更好、更方便的儲蓄方式。這個方式就是「五十：五十懶人投資法」（見圖6-7）。

首先，你已經確定了每個月要存的錢，比如一千五百元，那麼你需要把這筆錢平均分為兩筆。五十：五十是一種懶人投資法，它的一半由低風險、收益穩、流動性強的投資構成，是為了保本，如貨幣基金、債券等，其中以貨幣基金操作起來最方便，所以這裡就以貨幣基金為例。

其次，你將這筆錢的一半投入貨幣基金；另一半購買指數基金。指數基金，可以理解成幾十支或是幾百檔股票的集合，它代表的是這些股票的平均成績。

指數基金和平均成績相似，投資指數基金相當於收穫一個班股票的平均成績。例如「滬深」三百，就是指三百檔股票的集合，它的收益率不是指三百檔股票裡漲得最好的，而是它們的平均值；也就是說，你買了滬深三百，你的收益是三百檔股票的平均成績。而「中證」五百，就是指五百檔股票的集合，也是五百檔股票的平均成績。哪怕其中一檔股票「掛」了，也立刻有其他的股票補充上，可謂是懶人投資的法寶。

二〇〇五年一月四日，滬深三百指數只有九百八十二點，而到了二〇一八年四月九日漲到了三千八百五十五點，上漲了三・九二倍，年化收益率為一一%。

二〇〇五年一月四日，中證五百指數只有九百八十六點。而到了二〇一八年四月九日漲到了六千零三十五點，上漲了六・一二倍，年化收益率為一五%。

也就是說，如果你在二〇〇五年一月四日買入了中證五百的指數基金，持有到二〇一八年四月分，共十三年加三個月，平均每年就能輕鬆獲得一五%的收益。即便你買錯了，買的是滬深三百的指數基金，也能獲得一一%的年化收益率。

如果你每月定投兩千元，年化收益率為一五%，四年後將獲得多少錢呢？你不妨利用計算器計算一下：最終收益是十三萬元。（見下頁圖6-8）。

你或許會問，既然指數基金收益這麼高，為什麼我不能把全部資金都投進去呢？我又為什麼用一半資金投資收益不高的貨幣基金呢？

原因有兩點：一是指數基金隨股市而波動，需要長期投資才能見效，所以這筆資金不到三年是不能取出的；二是既然五〇%的資金不能取出，那麼另外五〇%的資金就需要很

圖 6-8　每個月定投2000元的收益計算

大的靈活性了，萬一你突然需要資金救急，那麼貨幣基金中的錢就能立刻取出來派上用場，而不會損失你指數基金中的收益。

最後，我希望你即便走入職場，也把這個投資的習慣延續下去，積少成多，期待二十年、三十年後迎來複利爆炸的一天。

【小建議】指數基金雖然是平均成績，但也有估值方法找到相對便宜的指數基金，可以關注長投學堂服務號，查看「長投溫度」來獲得估值計算方法。

4 二十年後的同學會，你要怎麼介紹自己？

也許現在的你還非常年輕，和身邊的朋友一樣朝氣蓬勃。雖然有著不同的個性和理想，但同樣憧憬著未來。在最後，不妨暢想一下二十年後，你們的聚會是什麼樣的情景。

前一段時間我先生小熊剛參加完二十週年的同學會，他發現，雖然讀書時期大家的世界觀和人生觀，基本上已經成形，但是當時成績好的，過了二十年來看，未必是事業上最成功的。這裡以他的四個同學為例。

A男，我先生最好的朋友，大學時是他們系最好的學生，畢業後就被某建築設計院看中。我先生當年沒考上研究所，竟然也算是「碰上了運氣」，因為和他同屆考上研究所的人，畢業後都成為了A的部屬。A男三十七歲當上設計院院長，成為該設計院最年輕的院長。但現在他每天的工作就是勸手下的人辭職，去年他們設計院有一百五十人，現在剩六十人。

據他估計，等到他把這些人全部裁掉之後，老闆就要裁掉他了。然而他還有十二年的房貸要還，且沒有積蓄。

B男，是我們的共同朋友，高三直升復旦數學系，數學系博士畢業，進入四大會計師事務所，三十六歲成為高階經理。剛進入事務所時，年薪就已經是一百二十萬元了。現在年薪接近五百萬元。五年前在上海市中心老西門，買了接近一百坪、價格五千萬元的房子。

他是一個純理工男，但是因為後來成為公司合夥人，必須要出去談生意，有了業績壓力，因此得了輕度抑鬱，從去年年中開始無薪休假，在家休養。後來因為房貸和家庭的壓力，今年年初又開始上班了，現在估計還有一千多萬元的房貸要還。

C男，交大碩士畢業，後來進入全球頂尖的諮詢公司，一幹就是二十年。這次同學聚會老得我們幾乎都不認識了。現在還奮戰在諮詢行業第一線，顯然不太得志，所以一直鬱鬱寡歡。

D男，他的經歷最好玩了。交大本科畢業，放棄研究生機會，進入IBM（International Business Machines Corporation，國際商業機器公司）做業務，當時被幾位同學調侃為靠臉吃飯。後來和公司裡的同事相戀並結婚，不得不從IBM辭職，跳槽到惠普（HP）。七年前，被人挖到一個資訊安全公司，一步步從高層做到了CEO。

這裡要說的是：從二〇〇三年開始，大家手裡有積蓄的都開始買房了。A男、B男和

C男都買了一套三室兩廳的房子，因為當時房價不貴，他們收入又高。D男卻花了同樣的錢，買了兩套房子，一個兩室一廳，一個一室一廳。二〇〇九年受金融危機的影響，A男和D男同時賣出了手中的房產（當時都升值）。二〇一一年B男賣出了自己的房子，買入上海老西門的那套豪宅。

而現在，他們三人的境遇已經完全不同了。A和B現在被房貸壓得喘不過氣，B男為了解決房貸，全家搬到了較小的房子，把豪宅出租出去。A男前兩天還在向我們借錢，被我們拒絕了。D男現在也準備賣出兩套房子中的一套，不過他是為了投資海外房產。

透過四個人的真實故事我們可以看出，在人生的不同階段，他們都曾經風光過（見下頁圖6-9）。大學畢業後十年，D男一步步趕上並超過以上三位了。

人生是一場長跑，在各個階段都有人綻放精彩，但不到最後你不知道誰贏誰輸。短期內靠高負債有可能讓你一步到位、有車有房很風光，但最後還是要付出代價。而如果你能靜下心來，晚幾年享受，少一點透支，你就有可能在未來擁有更多、更好的選擇。

這樣的選擇從表面來看，好像是個人的消費理念不同，但實際來看，是個人的思維方式，和理財智商決定的。

真正決定一個人成功與否的，不是學歷、不是工作、更不是人際關係，而是一個人的思維模式。假如你能在人生起步的初始階段，樹立起正確的思維方式，按照先投資、再消

圖 6-9　人生不同階段的精彩

費的方式來經營，和規畫自己的人生，定時儲蓄、合理投資、謹慎消費，並按照不同的人生階段合理分配自己的財務資產，讓自己無論在任何時候都有保命的錢、生錢的錢、增值的錢，不為金錢所憂、不為貧困所擾、更不為利益所誘，一定會擁有自由燦爛的人生。

附錄

值得閱讀的同主題好書

投資理財是一種學習，需要我們時刻保持謙遜和開放的心態。贏的時候知道是什麼原因，而且要反覆檢驗這種贏是否符合邏輯，是否可以重複；虧的時候也不要過分沮喪，尋找合理的邏輯，學習相關知識，持續練習，一定會卓有成效。

當然，這個過程中少不了前輩的引領。以下理財書籍是同主題的優秀讀物。風格迥異、觀點鮮明、值得閱讀。希望能夠開啟你的財富新世界。

理財啟蒙類

- 《小狗錢錢與我的圓夢大作戰》，博多．雪佛

理財入門書籍，沒有太多學術性的知識和內容，以故事形式講解，非常適合投資理財小白閱讀，是財商教育的必讀書籍之一。

・《富爸爸，窮爸爸》，羅伯特・清崎

財商教育的經典書籍，書中故事裡的窮爸爸和富爸爸是兩個人，也代表著兩種人生選擇，很貼近生活，也很有啟迪意義。

・《財務自由之路》（*The Road To Financial Fredom*），博多・雪佛

這是《小狗錢錢與我的圓夢大作戰》的作者博多・雪佛的另一本經典之作。向我們介紹夢想、目標、價值觀和策略這四大致富支柱，指導我們轉變理財觀念，在保證財務安全的前提下，實現財務自由。

・《三十歲前的每一天》，水湄物語

《三十歲前的每一天》是水湄物語的第一本書。「自我規畫」+「理財投資入門」+「記事本的時間管理」，適合理財入門。

投資入門類

・《一本書讀懂投資理財學》，李昊軒

本書講述各種投資產品，包括債券、基金、股票、貴金屬等，對每種投資產品都進行了相關的介紹和說明，可以了解投資理財的全貌。

- 《錢的外遇》，周顯

從香港人的視角分析各類投資品。作者曾經寫過武俠小說，因此這本書也頗具「武俠風」，讀起來很有趣。

- 《超越大盤的獲利公式》（*The Little Book That Still Beats the Market*），喬爾・格林布拉特（Joel Greenblatt）

喬爾・格林布拉特寫的投資教材。因為他想讓子女都能看懂，所以語言深入淺出，言簡意賅。

- 《彼得林區 學以致富》（*Learn to Earn*），彼得・林區（Peter Lynch）、約翰・羅斯柴爾德（John Roth-child）

彼得・林區為初學者寫的入門讀物，思想深度不及他的前兩部著作，但畢竟為大師之作，很適合新手閱讀。

- 《不再為錢煩惱》，松浦彌太郎

日本生活美學大師松浦彌太郎對其金錢哲學的一種詮釋，書中對錢與生活的解讀很有意思，但缺點就是過於停留在「理念」上，有一定理財基礎的同學可能會覺得不切實際。

歷史傳記類

- 《偉大的貪婪》，約翰．S．戈登（John Steele Gordon）

華爾街上的歷史故事，年年歲歲股市同，歲歲年年人不同。當你對週期性發展有了全方位的了解後，更能沉穩一些，積累本金，掂量「機會」。

- 《戴維斯王朝》（*Davis Dynasty*），約翰．羅斯柴爾德

有趣又有料——史料故事精彩，知識乾貨穿插。與此同時，保險股和成長股的投資思路，會讓你大受啟發。

- 《雪球：巴菲特傳》（*The Snowball*），愛麗絲．施勒德（Alice Schroeder）

股神巴菲特授權的唯一傳記，還原最真實的巴菲特及其整個家族的細節。

- 《股市三人談：亂中之亂》（*Confusion de confusiones*），約瑟夫．德拉維加（Joseph de La Vega）

這是歷史上第一本論述股票的書，書裡沒有投資乾貨，但對於三百多年前的股市氛圍和股民心理描述得非常透澈。

- 《摩根財團》（*The house of Morgan*），羅恩．切爾諾夫（Ron Chernow）

摩根文化——一脈相承的競爭意識＋與時俱進的經營策略＋及時糾正的自省精神＝紳

士般的禮讓＋審慎的交易。

- 《賭金者：長期資本管理公司的升騰與隕落》（*When Genius Failed*），羅傑・洛溫斯坦（Roger Lowen-stein）

一本值得反覆玩味的書，介紹美國金融史上的由兩個諾貝爾經濟學獎得主，和幾個數學教授組成的大型對沖基金最後破滅的故事。

- 《老千騙局》（*Liar's Poker*），麥可・路易士（Michael Lewis）

這本書對那些高薪賭徒的特殊習慣和生活方式、甚至是互相作弄的方式都進行了有趣的描述。但讀完後，你會越發覺得投行的生涯是赤裸裸的叢林法則，心生嚮往，又本能的厭惡，人生在世，所為何者？

- 《門口的野蠻人》（*Barbarians at the Gate*），布萊恩・布魯（Bryan Burrough）、約翰・赫亞爾（John Helyar）

金融記者的典範之作，從採訪到寫作，比電影複雜得多。

投資進階類

- 《彼得林區　選股戰略》（*One Up on Wall Street*），彼得・林區、約翰・羅斯柴爾德價值投資的入門書籍，書中對散戶相對於基金的優勢描繪得相當有趣，六種不同類型的公司股票的分類方法也很科學，後半部涉及會計基礎知識，對新手會有些困難，建議和會計類書結合起來閱讀。

- 《彼得林區 征服股海》（*Beating the Street*），彼得・林區、約翰・羅斯柴爾德

彼得・林區的又一本書，補充了在《彼得林區 選股戰略》中沒有談到的購買基金的問題，同時也講述了具體的公司調查方法和思路。

- 《股市進階之道》，李傑

作者是雪球投資網站網紅「水晶蒼蠅拍」，投資成績斐然，書中乾貨滿滿，自成體系。

- 《智慧型股票投資人》（*The Intelligent Investor*），班傑明・葛拉漢

巴菲特的老師葛拉漢的心血之作，包含了葛拉漢價值投資的精髓，是價值投資界的聖經，沒有之一。

- 《巴菲特寫給股東的信》（*The Essays of Warren Buffett*），華倫・巴菲特、勞倫斯・A・坎寧安（Lawrence A. Cunn-ingham）

這本書才是巴菲特投資思想的精髓，書中很多段落都值得我們反覆思考。

- 《約翰・聶夫談投資》（*John Neff on Investing*），約翰・聶夫（John Neff）

書中非常坦誠的公開了作者的選股方法和指標，大巧不工，就是乾貨。

- 《漫步華爾街》（*A Random Walk Down Wall Street*），波頓・G・麥基爾（Burton Gordon Malkiel）

  本書是投資界的暢銷書。作者對各種投資方法都進行了一番冷嘲熱諷，邏輯論述極其精彩，也提醒我們應從多個角度看待問題。

- 《安全邊際》（*Margin of Safety*），賽斯・克拉爾曼（Seth Andrew Klarman）

  投資大師賽斯・克拉爾曼的唯一一本書，記錄他思想的精髓。

- 《你也可以成為股市天才》（*You Can Be a Stock Market Genius*），喬爾・格林布拉特（Joel Greenblatt）

  喬爾・格林布拉特公司分析的精華，值得反覆翻閱。

- 《坦伯頓投資法則》（*Investing the Templeton Way*），勞倫・坦伯頓（Lauren Templeton）

  著名長壽投資者坦伯頓的投資課，書中有句名言：「買入最好的時機是在街頭濺血的時候。」

- 《股市真規則》（*The Five Rules for Successful Stock Investing*），派特・多爾西（Pat Dorsey）

  這本書行業分析全面，但問題是廣而不精，建議和實踐結合起來。

- 《護城河投資優勢》（*The Little Book that Builds Wealth*），派特・多爾西

護城河分析的必讀品，內容並不難懂，學習後覺得很受用。單就護城河分析的內容來說，既全面又精闢。

- 《可轉債魔法書》，安道全

這本書通俗易懂，語言也很幽默，不僅介紹了可轉債，書中更是在不斷的向讀者傳達一個資訊——你不能成為錢的奴隸，投資和生活要平衡好。

- 《解讀基金》，季凱帆、康峰

從明確投資目標、選擇基金品種和制定投資策略等方面系統、全面的闡述了作者堅持長期投資和注重風險控制的投資觀點，全方位解讀基金投資的奧祕。

基礎會計類

- 《世界上最簡單的會計書》（*The Accounting Game*），達雷爾・穆利斯（Darrell Mullis）、朱迪絲・奧洛夫（Judith Orloff）

年報分析的入門書籍，以簡單的故事帶入，簡單易學、清晰明瞭，很受用。

- 《財報就像一本故事書》，劉順仁

學習財報的必推書籍，值得反覆閱讀。

- 《會計拉麵》，伊藤洋

作者將會計專業知識用一碗「會計拉麵」，圖文並茂的「端」到了讀者面前：資產、負債、收入、費用、利潤、現金、財務決算等專業的會計問題被他做成了「美味的佳餚」。

延伸閱讀類

- 《投資最重要的事》（*The Most Important Thing Illuminated*），霍華德・馬克斯（Howard Marks）

巴菲特二〇一一年推薦的書，他自己讀了兩遍。這本書是一份價值投資的完整地圖指南，值得時時翻閱思考。

- 《股票作手回憶錄》（*Reminiscences of a Stock Operator*），埃德溫・勒菲弗（Edwin Lefèvre）

這本書用自傳體小說的形式來告訴讀者投資的真諦，屬於可以在投資的各個階段反覆看的書，很多投資界的專家都讀過這本書，而且定期重讀。

- 《思考的藝術：52個非受迫性思考錯誤》（*Die Kunst des klaren Denkens*），魯爾夫・

杜伯里（Rolf Dobelli）

嚴謹的德國作者列舉了五十二條人們常犯的思維誤區，例如新手的運氣、回歸均值、控制錯覺等，是一本讓我們了解自己思維誤區的書籍。

- 《窮查理的普通常識》（*Poor Charlie's Almanack*），查理・蒙格

這本書更像一本人生智慧合集，雖然讀起來有些許晦澀，但每每讀完都能給人無窮啟發，甘之如飴。

- 《長線獲利之道》，（*Stocks for the Long Run*），傑諾米・席格爾（Jeremy Siegel）

這本書統計了過去兩百年間股票、債券的各類資料，回答了幾乎所有長期投資者的問題，總結了大量的長期規律。

- 《投資者文摘》，張志雄

一共厚厚五十本，文章大多數都是從美國的《傑出投資者文摘》翻譯過來的。其中有些文章乍一看和投資沒有任何關係，但是開闊眼界是投資的一大要素，不同的學科可以讓我們有不同的感悟。

- 《窮人的經濟學》（*Poor Economics*），阿比吉特・班納吉（Abhijit V. Banerjee）、艾絲特・杜芙若（Esther Duflo）

兩位作者深入多個國家的窮人世界，調查貧困人群最集中的十八個國家和地區，從窮

人的日常生活、教育、健康、創業、援助、政府、NGO等生活的多個方面，探尋貧窮真正的根源。

- 《操盤快思X投資慢想》（*Investing: The Last Liberal Art*），羅伯特．海格斯壯（Robert Hagstrom）

作者講述的是查理．蒙格的柵格思維方式，說明我們培養思考問題的能力，包括投資的能力。

- 《魔球》（*Money Ball*），麥可．路易士

這本書被改編成電影《魔球》，整本書講述的是棒球界從定性分析，到定量分析的過程，值得我們思考。

- 《下個富翁就是你》，湯瑪斯．史丹利

作者團隊彙集二十多年的跟蹤研究，對五百多名百萬富翁進行個人和小組集中訪談，以及對一萬一千名高淨值財富或高收入者進行訪談，得出致富的七大要素。

- 《白銀帝國》，徐瑾

作者徐瑾是FT中文網財經版主編，本書從白銀貨幣化到銀本位，從紙幣的失敗到中國對白銀的依賴，從中國參與創建世界市場到受制於西方經濟體系，角度新穎，引人入勝。

- 《非理性繁榮》（*Irrational Exuberance*），羅伯．席勒（Robert Shiller）

一切歷史都是過往的證據，比較直觀的刺破了泡沫理論，是投資心理必讀書目之一。

- 《亂世華爾街》，漁陽

作者北大出身，經歷了金融危機，深入淺出的描述了那個亂世，也分析了華爾街金融機構如何運作，視角獨特，很有意思。

- 《大賣空》（*The Big Short*），麥可・路易士

這本書用故事的方式講了二〇〇八年金融危機的全景，同名電影獲第八十八屆奧斯卡金像獎提名。

經濟思維類

- 《經濟自然學》（*The Economic Naturalist*），羅伯・法蘭克（Robert Frank）

一本故事集，日常生活的經濟學，許多看不懂的事情背後都有經濟學原理。

- 《哈佛商學院最受歡迎的7堂總體經濟課》（*A Concise Guide to Macroeconomics*），大衛・莫斯（David A. Moss）

作者是哈佛商學院的教授，本書的雛形是他平時的備課筆記，全書不到兩百頁，沒有複雜的公式和函數，只以「產出、貨幣、預期」三個核心宏觀經濟概念為框架，就把宏觀

經濟的主要脈絡理清了，可讀性非常強。

- 《穿越歷史聊經濟》，汪凌燕、汪通

透過梳理中國歷史上的重大經濟事件來講經濟學，有趣有料，很適合對歷史有興趣的同學。

- 《小島經濟學》（*How an Economy Grows and Why It Crashes*），彼得・希夫（Peter Schiff）、安德魯・希夫（Andrew Schiff）

非常好的入門書，故事引入，穿插現實連結，簡單易懂。

國家圖書館出版品預行編目（CIP）資料

理財就是理生活：90%以上的人對前途迷茫，本書用「錢」的角度給你人生答案，超過四百萬人付費學習的FIRE課程／水湄物語著. -- 初版. -- 臺北市：大是文化，2020.08
256面；17×23公分. --（Biz ; 327）
ISBN 978-957-9654-89-0（平裝）

1. 理財

563　　　　　　　　　　　　　　　　10900558

Biz 327

理財就是理生活

90% 以上的人對前途迷茫，本書用「錢」的角度給你人生答案，超過四百萬人付費學習的FIRE課程

作　　者／水湄物語
責任編輯／張祐唐
校對編輯／馬祥芬
美術編輯／張皓婷
副總編輯／顏惠君
總 編 輯／吳依瑋
發 行 人／徐仲秋
會　　計／林妙燕、陳嬅娟、許鳳雪
版權經理／郝麗珍
行銷企劃／徐千晴、周以婷
業務助理／王德渝
業務專員／馬絮盈、留婉茹
業務經理／林裕安
總 經 理／陳絜吾

出 版 者／大是文化有限公司
臺北市 100 衡陽路 7 號 8 樓
編輯部電話：（02）2375-7911
購書相關資訊請洽：（02）2375-7911 分機122
24小時讀者服務傳真：（02）2375-6999
讀者服務E-mail：haom@ms28.hinet.net
郵政劃撥帳號 19983366　戶名／大是文化有限公司

法律顧問／永然聯合法律事務所
香港發行／豐達出版發行有限公司 Rich Publishing & Distribution Ltd
地址：香港柴灣永泰道70 號柴灣工業城第2 期1805 室
Unit 1805,Ph .2,Chai Wan Ind City,70 Wing Tai Rd,Chai Wan,Hong Kong
Tel：2172-6513　Fax：2172-4355
E-mail：cary@subseasy.com.hk

封面設計／林雯瑛
內頁排版／陳相蓉
印　　刷／緯峰印刷股份有限公司
出版日期／2020 年 8 月初版
定　　價／新臺幣 360 元
ISBN　978-957-9654-89-0（平裝）